JN256168

# そこそこやるか、そこまでやるか

パナソニック専務から高校野球監督になった男のリーダー論

鍛治舎 巧

毎日新聞出版

# ことばで紡ぐ「育て、育てられ」

悩み、疲れ果てた。胸が張り裂けそうになり立ちすくんだ。そんな時、恩師の核心を突くことばで、一気に視界が開け救われる。そんなことが何度もあった。

いつしか立場が、導く側になることも多くなった。部下や選手が悩み、もがき苦しんでいる。そんな時、今、この人に投げかけるのに、最もふさわしいことばは……。

そう思い続けた。

人は、ことばに触発され、感動し、それを糧に行動に移す。人生の大きな転機に的確なひと言を、その人に伝えられたとしたら、それは至福の秋《とき》だ。

高校時代、監督からいただいたことばがある。

母校、県立岐阜商業高校野球部は、1969（昭和44）年、春のセンバツでベスト8まで勝ち進んだ。2回戦の比叡山高校、相手投手は、後にドラフト2位で大洋ホエールズに入団した間柴茂有《ましばしげくに》さんだった。間柴さんはその後、日本ハムファイターズで戦後初の勝率

10割を達成した名投手だ。

2対1と緊迫した中盤六回。ネクストバッターズサークルにいた私を呼び戻し、日下部《くさかべ》正憲《まさのり》監督はこう言った。

「手を出せ！」「手を見てみろ」

私の手は、人差し指の下から小指の下、手首近くまで厚いマメが、連なっていた。

「これだけ振り込んで、打てないわけがないだろう」「来た球を打て！」

高校野球は、テンポが速い。急いで戻り、バッターボックスに入った。

「来た球を打て」か……。足場を固め構えると、インコース高めに速球が来た。

無心でバットを振った。打球は「ガシッ」という鈍い音とともに大きな弧を描いてライトラッキーゾーンに吸い込まれていった。

春のセンバツ甲子園通算100号ホームラン。

大会を代表する屈指の左投手に対し、そこまで私は2三振だった。余計なことは考えるな。積極的に打っていけ！　日下部監督のそんな思いは「来た球を打て」という極めてシンプルなことばに凝縮された。この甲子園でのホームランが、私の人生を根こそぎ変える転機となった。

時は移り2002（平成14）年。私が監督をしていた枚方ボーイズ（大阪）は中学硬式野球日本一を決める全日本中学野球選手権大会（ジャイアンツカップ）決勝に勝ち進んだ。東京ドームでの決勝、大詰め最終七回。枚方ボーイズは、中本牧リトルシニア（横浜）に2対3と劣勢だった。2死二、三塁。打てば逆転、凡退ならゲームセットの緊迫した場面。バッターは、1番キャプテン前田。

彼は、人一倍責任感が強く、多感だった。感情のコントロールができず、肩を大きく上下させ、泣いていた。

「ここで、このまま打たせたら悔いが残る」。私は、そう思った。

タイムをかけ、前田を呼び寄せ、打ち震える肩を抱いて、ことばをかけた。

「泣いてちゃ、ボールが見えんだろう」「ここで打ったら、本当のスーパースターだぞ」

打席に戻った前田は、大きく深呼吸。

そして初球、鋭く振り抜いた。打球は、勢いよく東京ドームレフトスタンドに飛び込んだ。起死回生の逆転スリーラン。

ベンチも応援席の保護者・選手も泣き崩れた。全リーグの代表チームが集う中学硬式野球真の頂点、ジャイアンツカップ優勝に感極まった。

枚方ボーイズは、この直前、夏のボーイズリーグ全国大会にも勝ち初の日本一。この時前田は、調子を大きく崩していた。大会通じてヒットはわずか2本。しかし、そのうち、1本が準決勝1対0の試合で打った貴重なタイムリーヒットだった。前田は、負けず嫌いでチームの勝利に反して悔しさのあまり1人だけ落ち込んでいた。ミーティングでは「キャプテンは、みんなが打てない時に打つ。それをスーパースターと言うんだぞ」と持ち上げた。その裏には、「キャプテンのキミが、自分の絶不調を気に病んでチームの雰囲気を壊すな」との戒めがあった。それは前田が、いちばん分かっていた。

ギリギリの場面でかけた「ここで打ったら、本当のスーパースターだぞ」は、前田だけが分かる、こころに響くことばだったようだ。「あのことばで、泣いてる場合じゃないと、こころのスイッチが入った」。後々、人づてにそう聞いた。

以降の枚方ボーイズは、堰を切ったように快進撃を重ねた。私が秀岳館高校野球部監督となり、チームを後にする2014（平成26）年春までの12年間で、春・夏ボーイズリーグ全国大会並びにジャイアンツカップで日本一を12回達成。年3度36回ある日本一のチャンスのうち、3分の1の優勝をものにする、中学硬式野球史上最強チームと呼ばれる存在となった。

私の人生の中での「育て、育てられ」は、ことばで紡がれたものだ。まさしく、私のこれまでの歩みは、こころに沁み入る、恩師のことばとともにあった。

何度か「本を出しませんか」とお誘いを受けた。その度にお断りした。自分史のような本は気恥ずかしい。昨年8月、秀岳館高校野球部監督を退任してから、さらに頻度が高まった。頑なにすべてお断りしてきた。しかし今回のご提案は、ことばを主にした本にしたいというお話。私は、ことばを大切に生きてきた。それは面白いと思った。

ことばは、人を動かし、組織を動かし、自ら動くきっかけにもなり得る。

思い悩み、判断に迷われた時、拙著の中に、たとえ一つでも解決に繋がる糸口となることばを見いだしていただければ、これに勝る喜びはない。

2002年、ジャイアンツカップ開催前のボーイズリーグ全国大会で枚方ボーイズが初優勝。
以降、枚方ボーイズは12年間で12回日本一の座についた（写真は著者提供）。

Hirakata
Hirakata

目次



第一部

# 小事は大事 ～野球とビジネスの最前線で

# 第二部　3年で日本一を目指す　～高校野球の監督になる！

# 第一部

# 小事は大事
## ～野球とビジネスの最前線で

県立岐阜商から早稲田に進み、卒業後は社会人野球の道を選んだ。現役引退後、松下電器監督。社業とともにNHK解説者、少年硬式野球チーム監督にも全力投球。役員就任時、会長から得た「小事がなせずして、大事がなせるか」を胸に刻みながら。

―――

# 袋小路に入った私を救った
# おやじさんのひと言。

夕暮れ迫る早稲田大学野球部安部《あべ》球場。

「おやじさん」と敬愛する石井藤吉郎監督が、ネット裏最上段、練習を見守るいつもの指定席から、突然グラウンドに降り立った。そして、バッティングケージの横から言い放った。

「おい鍛治舎、おめえ、最近バッターボックスで小ちゃく見えん（見える）ぞ」と、ただそれだけ。私は絶不調、５季連続３割の記録がかかる試合を前に袋小路に入り悩み抜いていた。

おやじさんのそのひと言にハッとなり背筋《せすじ》に電流が走った。

早稲田大学時代、後に野球殿堂入りした石井藤吉郎監督に薫陶を受けた。お名前の藤吉郎から、木下藤吉郎、後の関白豊臣秀吉にちなんで、「関白」の愛称があったが、私たちは親しみを込めて「おやじさん」と呼んでいた。

おやじさんは、六大学最高の天才打者と言われたが、プロ入りする気はなく、卒業後大昭和製紙でプレー。退職されてから実家の旅館を切り盛りしながら、母校水戸商業を甲子園へと導いた。早稲田の第10代監督になって即、低迷していたチームをリーグ優勝させた。私の大学在学中に2度、「プロ球団の監督に」との憶測記事が出た。大学野球の監督がプロ野球の監督になるなど本来考えられないことだが、招聘されて何の不思議もない正真正銘の名将だった。

夕暮れ迫る早稲田大学野球部安部球場。おやじさんは、ネット裏最上段、練習を見守るいつもの指定席から突然グラウンドに降り立った。そして、バッティングゲージの横から言い放った。

「おい鍛治舎、おめえ、最近バッターボックスで小ちゃく見えん（見える）ぞ」と、ただそれだけ。私は絶不調、5季連続3割の記録がかかる試合を前に袋小路に入り悩み抜いていた。

おやじさんのそのひと言にハッとなり背筋に電流が走った。「小さく見える。どういうことだろう」。そうだ!! よくボールを見ようと前屈みになっていたことに気づいた。打ちに行けば泳がされ、体重を残せば差し込まれ、私は自分のバッティングが出来なくなっていた。

背筋を伸ばし、軸回転で打つようにすると打球は面白いように野手の間を抜けていった。翌日の試合でマルチヒット。5季連続3割が繋がった。

おやじさんは余計なことは言わない。その場の雰囲気をやわらげる冗談は名人の域だったが、肝心なことはいつも核心を突くひと言だった。

私が悩んだ末、「社会人野球に進みます」と伝えると、

「そうか、おれと同じ道を歩むのか」

私はそのひと言で生涯アマチュアを貫くと決意した。松下電器で7年間プレーし、「今日でバットを置きます」と報告すると、

「寂しいな。デッドボールで全力疾走がもう見れねえのか」とぽつり。思いもかけないことばに、電話口で男泣きに泣いた。

私も、全日本の4番を打ったり、六大学通算800号ホームランも打ち、一応それなり

の活躍はした。しかし、おやじさんは、そんなことは見ていなかった。攻守交代の時はもちろん、デッドボールでも全力疾走。小中高生の手本となるべくどんな時にも手を抜かない。それが私のこだわりだった。

おやじさんはそのささいな私のこだわりをしっかり見てくれていた。指導者たる者、斯くの如くあるべし!!

おやじさんの教えは、今も私の心の中で若者を導く指針として生きている。

早稲田大学野球部時代。当時の六大学は空前絶後の人気。早慶戦ともなれば、スタンドいっぱい溢れんばかりのファンが詰めかけた。優勝して会心の笑み(写真は著者提供)。

こころ洗われる
美しいおじぎと
眼鏡の奥の
笑っていない目。

「握手しようか」

松下幸之助創業者は満面の笑み。しかし、眼鏡の奥の目は笑っていない。見定めるような、鋭い目だった。

これが松下電器を一代で築き上げた「経営の神様」の目なんだと身震いした。

大学4年生の時、私は進路に迷いに迷った。大学1年の春からベンチ入り、5季連続3割、日本代表チームの4番、六大学通算8００号ホームラン……それなりの実績を残した私には、1973（昭和48）年のドラフト会議で、全球団から指名の話が来ていた。そのうち、セリーグ一つ、パリーグ二つの3球団からは1位で指名したいと話があった。私は、記者の問いかけに「もしかしたら、プロに行かないかもしれません」と答えた。翌日の報道で大騒ぎになり、たちまち、社会人野球25社から勧誘された。プロかアマか、どうしようか、アマならどの会社に……。決めかねて秋の早慶戦も終わった。松下電器産業株式会社（現・パナソニック）に招かれた。大阪本社に出向くと、そこで野球部長に度肝を抜かれた。会うやいなや、「君はどうするつもりなんや。はっきりしてほしい！　うちはプロに負けないアマチュア野球を創るんだ」。その遠慮のない、ストレートなもの言いに、他の会社とは違うな、と感じた。続いて野球部長に連れられ、2階のいちばん奥にある部屋で二人の年配の男性に引き合わされた。

松下正治《まつしたまさはる》社長と、高橋荒太郎《たかはしあらたろう》会長だった。突然、会社のトップと会うとは思いもせず、短く自己紹介し、軽く頭を下げた。すると、お二人はすっと立ち上がるや、学生服、イガグリ頭の私に向かい「どうぞよろしくお願いします」と言われ、膝の辺りまで両手を下ろし、深々と頭を下げた。それは、とても自然で、こころ洗われる美しいおじぎだった。

私は暫しあっけにとられ、立ちすくんだ。多くの会社からお誘いをいただき、幾人ものトップの方々とお会いできた。しかし、これほど美しく丁寧な挨拶は初めてだった。

次に長い廊下を歩き、大きなホールの階段を下りると、重い引き戸があった。開けると、右手前に一人の老人がぽつねんと座っておられた。「ああ、このおじいちゃんは知っている」。松下幸之助創業者だった。

幸之助創業者は、しばらく歓談した後、最後に「握手をしようか」とおっしゃった。立ち上がると背が違う。見下ろす形になり、その顔を見ると、テレビで見る満面の笑み。しかし、眼鏡の奥の目は、まるで笑っていない。見定めるような、鋭い目だった。これが松下電器を一代で築き上げた「経営の神様」の目なんだ、と身震いした。

そしてドラフト会議前日の1973（昭和48）年11月19日、私は松下電器に入社内定。ほとんどが一部上場会社だった25社の中から松下電器を選択したのは、あの時の、こころ洗われる美しいおじぎと、眼鏡の奥の笑っていない目であったことは間違いない。

二兎を追って、
二兎を得られる
こともある。

「そうですか。ほな、野球をやってる時だけ、貸してくれませんか。野球が終わったら、松下電器さんにお返ししますから」

1975（昭和50）年11月、阪神タイガースはドラフト2位で私を指名した。第1回にして最後の交渉場所は、ホテル阪神。松下電器労務担当の遊津《あそづ》取締役が、「鍛治舎くんは、選手としても出せませんが、会社にとっても必要な人間ですから」と切り出すと、即座に吉田義男《よしだよしお》阪神監督（当時）はそう切り返した。

面白い発想をする人だな。私は親しみと強い興味を感じた。

ドラフト会議の前日、11月19日に、松下電器内定が決まった。

この決断に多くの人から、「なぜプロでないのか」との声をいただいた。

幼い頃から何か一つに没頭するより、さまざまなことに全力で取り組むのが好きだった。それが、社会人野球に進もうと気持ちを固めた理由の一つだった。

1973（昭和48）年11月19日、ドラフト前日の入社試験。採用部長との面談で、いきなり「キミはなんで来たんや？」と聞かれた。多くの会社から勧誘を受けてきた私は、予想もしない質問に本音で、「来てくれと言われたから来ました」と答えた。

「そんな言い方ないやろ。松下電器には10万人以上の人が入りたいと思っているんや」

大学の成績表を見て、「野球をやりながら、3分の2以上は優か。それに簿記1級、珠算3級、君、経理どうや!?」。

どう答えていいやら。思わず「頭を使う仕事は勘弁してください。汗をかく仕事ならなんでもやります」、そう答えた。

入社後は、人事部門に配属。人事が汗をかくだけの仕事とは思わないが……。

職場は国道一号線を挟んで、大阪本社の反対側にある松下電子部品の事業部人事。工場だから始業は8時。7時前には誰よりも早く出社し、12時まで5時間勤務。昼食後、京阪電車で四つ目の駅にある寝屋川市の松下球場へ。午後5時半には練習が終わる。練習場が近かったため、ほぼ毎日会社に戻る。3時間は仕事ができる。一般社員と同じ時間、働いた。

社会人2年目の秋、阪神タイガースが私をドラフト2位で指名してくださった。大学4年時にさんざん悩んで決めた道。プロに行くという考えはまったくなかった。

ドラフト当日、仕事をしている時、スポーツ紙記者からの突然の電話で指名を知った。「どうしますか」と聞かれて「いや、行きませんよ」とためらいなく即答。翌日の紙面で「鍛治舎、阪神拒否」と書き立てられた。大阪は恐ろしいところだ（!?）。社内での立場は一気に悪化した。社員のほとんどは熱狂的な阪神ファン。交渉もせず、話も聞かずに一方的に袖にするなど、私の阪神をバカにするのかと非難囂々《ごうごう》。

第1回にして最後の交渉会場は、ホテル阪神。労務担当の遊津取締役が「鍛治舎くんは、選手としても出せませんが、会社にとっても必要な人間ですから」、そう切り出した。「そうですか。ほな、野球をやってる時だけ、貸してくれませんか。野球が終わったら、松下電器さんにお返ししますから」、吉田義男阪神監督（当時）は切り返した。

「面白い発想をする人だな」と思った。

社内では「私のタイガースに入団しろ」という声がやまなかった。私は「松下電器に残るのですよ」と訴えたが、しばらくは仕事がしづらかった。

今だから言えることだが、交渉は1回では終わらなかった。マスコミには内緒で、早稲田大学の2年先輩の中村勝広《なかむらかつひろ》さん（後に阪神監督）が迎えに来て、西宮の吉田邸を訪問。再度熱心に勧誘いただいた。吉田さんとはその後、フランス代表チームの総監督をなさった際に世界各地で行われた大会で何度もご一緒し、今も親しくお付き合いさせていただいている。

その後も私は、野球と仕事、二兎を追い続けた……。

NHKの甲子園解説も担当した。時には、日程の都合で、会長と社長の許可を得て役員会を欠席したことが何度かある。とりわけ春のセンバツは雨天順延も多く、会議と重なることがあった。

「なお、鍛治舎常務は公務のため、本会を欠席しています」

先輩役員が部屋に戻り、テレビをつけると、甲子園の高校野球中継。そこに私の姿。

「宣伝・広報担当だから、なるほどこれも公務だな」と言われたことも……。

周囲の深い理解と協力が大前提だが、中途半端でなく、ひたすら二兎を追い続ければ、どちらも得ることは可能ではないだろうか……。

そうは言っても常務役員になって2年目、2010（平成22）年、センバツが雨で延びて2度会議を欠席。さすがにここまでかな、と解説を降板。興南高校の春夏連覇が成った夏決勝。59歳になっていた私は、それが最後の解説となった。

コンビを組んだ田中アナと握手。NHKから花束をいただいた。ネット裏のファンのみなさんが何人も駆け寄ってきて握手に写真。

「お疲れ様!!　寂しくなりますね」。その声にことばが出ない。

「終わったな……」

感慨深く涙でにじむ甲子園の空を見上げると突然、携帯メールが鳴った。

「貴兄のさわやかで明るい解説が多くの視聴者を楽しませてくれました。また多くの人々がパナソニックのファンになっていただいたことと思います。それにしても、興南高校の選手の鍛え上げられた力強さは驚くばかりでした」

職位が変わるたびに、解説と仕事の両立についてご相談した会長からのメールだった。思いがけない心温まる内容に大粒の涙がこぼれ落ち、止まらなかった。

窮地に陥ったときには、
自らの
体験の中から
答えを導き出す。

「ところで鍛治舎さん、バッターは今、何を考えていますか？」

1死一、二塁という緊迫した場面。突然、ベテランアナウンサーがそう訊ねた。

悠長に考えて答える時間はない。脇の下を流れる冷や汗を感じながら、こう言った。「こういう場合、打席に入って考えることは、最低限やらなければならないこと、絶対やってはいけないこと、そして最高の結果の3通りです。私はいつも最高の結果を考えて打席に入りました。その方が結果もよかった」（私は心理学者じゃないぞ！）

甲子園の解説を始めて2年目。1986（昭和61）年夏の3回戦、高知商業（高知県）と亨栄（愛知県）とが対戦したときのこと。高知商は後にヤクルトのエースとなる岡林《おかばやし》洋一《よういち》、亨栄は後に中日入りし、初登板となる巨人戦でノーヒットノーランに抑えた近藤《こんどう》真一《しんいち》が先発。試合は当然のごとく、白熱した投手戦の様相を呈した。

そんな中、1死一、二塁という緊迫した場面で、突然、ベテランアナウンサーが、私にこう訊ねた。

「バッターは今、何を考えていますか？」

さあ、困った（私は心理学者じゃないぞ）。

悠長に考えてから答える時間などない。この緊迫した場面、視聴者は本当ならまわりくどい解説を聞くより、ボリュームを下げて、その場面に集中したい、何を言ったらいいのか……。

「こういう場合、打席に入って考えることは、最低限やらなければならないこと、絶対やってはいけないこと、そして最高の結果の3通りです。私はいつも最高の結果を考えて打席に入りました。その方が結果もよかった」

とっさに口をついて出たのは、いつも私がバッターボックスに入った時に考えることだった。

窮地に陥った時に頼れるのは、やはり自分の体験だ。解説も同じ、そこから絞り出した答えは視聴者の共感を生むことが多かった。失敗や反省も多かったが、この試合を見た視聴者からは、好意的な電話やお手紙をちょうだいした。

高校生のレベルで最低限やらなければならないことを考えていると、身体が萎縮する。また、絶対してはいけないことを気にしすぎると、かえってやってしまう。翻って、最高の結果を思い浮かべて打席に立つと、集中できて、不思議とうまくいくものだ。バントで最低限ランナーを次の塁に進めなければならない場合、ボールに手を出すな、絶対やってはいけない、と、思うと手を出してしまう。緊迫した場面に遭遇して、ナーバスに考え、ネガティブになると、ほぼ失敗する。ヒットエンドランも同じ。監督はストライクの確率が比較的高いカウントでサインを出す場合がほとんどだ。それをサインが出ると、とんでもないボールでもやらないと……と思い失敗することが多い。「しなければならない」「してはいけない」より「こうしよう」と、ポジティブに考え、対応した方が成功する確率は高い。自分の体験からそう思う。

# 感情は殺さなくていい。コントロールせよ。

「しっかりしろ。いつもどおりのピッチングをすれば抑えられるだろう」

ピンチを凌いでベンチに戻った潮崎の頬を平手で打った。

日本代表チームの監督となった私は、注目されていた野茂でなく、同じ高卒1年目の潮崎を代表メンバーに加えた。勝てば銀メダル以上が確定する準決勝。潮崎は本来のピッチングができず、集中力をなくしていた。

松下電器で7年間野球を続けた。29歳で現役引退。その後は仕事に専念していた。徹夜で没頭。会社の健康管理室で仮眠をとることもしばしば。順風満帆。1986（昭和61）年11月には、課長代理になることが内定していた。

そんな時、成績不振に陥った野球部次期監督にと白羽の矢が立った。

3度、4度の要請に「私は野球だけやりに松下電器に来たわけではありません。それならプロに行っています。責任ある仕事を任されようとしているこの時期、職場を離れるわけにはいきません」と拒否し続けた。人事責任者会議の最中に、当時、松下通信工業株式会社専務で同窓早稲田の先輩から緊急電話が入った。

「野球部の監督就任を拒否し続けているようだね。話は会長まで行っている。会長は、本当に野球部に必要なら今の職場から本社に転勤させればいいでしょう。そうおっしゃっているよ。いいかげんに観念してはどうかな」

電話で聞いたとおり、同月本社に転勤、監督就任。転勤初日に会長秘書から電話が入った。慌てて会長室に飛び込むと、「よお〜、お待ちかねの監督だね」。入社前、こころ洗われる美しいおじぎで迎えられた会長（当時社長）の優しい笑顔に心のわだかまりが吹っ切れた。

監督となって翌春。現在、西武ライオンズの二軍監督をしている潮崎哲也が鳴門高校から入社。2月のキャンプでキャッチャーを立たせたまま投げている彼を見て、鳥肌が立った。華奢で童顔、幼さが色濃く残る若者から放たれるボールは、思った以上に切れがあった。リリースの瞬間、私が立つキャッチャーの後ろまで「ピチッ」という音が聞こえる。

「ただものじゃない」

1年目から、公式戦全大会に短いイニングやワンポイントで登板させ、経験を積ませた。彼は期待どおり2年目からエースの座をつかみ、ソウル五輪に選出され銀メダル。3年目、球速を入部当時の130キロから145キロに伸ばし、西武ライオンズを逆指名、ドラフト1位で入団。プロデビューから5年間で、3度、優勝投手となるなど、最後のマウンドを任される存在となった。

松下電器の1、2年目は、まだ10代。好不調の波が大きく、相手ベンチのヤジにも敏感に反応しがちだった。

「キミは史上最低のエースだ。自分の感情のコントロールができなくて、どうしてボールがコントロールできるか。7人の野手は、キミの背中を見て守っている。喜怒哀楽を背中に出すな。感情は殺さなくていい。でもコントロールしろ。涼やかにマウンドに立て」。

そう繰り返し注意した。

1年目の12月、台湾で10カ国対抗の世界大会があり、近畿選抜チーム、実質的な日本代表チームの監督となった私は、投手枠最後のひとりに注目されていた野茂英雄ではなく、同じく高卒1年目の潮崎哲也を加えた。予選リーグでは、プエルトリコが初戦の相手。1対1の緊迫した場面で、いきなり潮崎を起用。見事にホームランを打たれ、日本は1対2で敗れた。その後、日本は勝ち続け、2週間ほど続いた予選リーグ・決勝リーグを勝ち抜いた。そして決勝トーナメント。

勝てば銀メダル以上が確定する準決勝戦の相手は、予選リーグで唯一苦杯をなめたプエルトリコ。私は再度潮崎にマウンドを託した。初戦のトラウマがあったのか、2戦目以降大活躍していた潮崎は、集中力を欠いた。

ピンチをなんとか凌ぎ、ようやくベンチに戻ってきた彼に、「しっかりしろ。いつもどおりのピッチングをすれば抑えられるだろう」とその頬を平手で打った。ロス五輪以来、国際大会で初めて金メダルのかかった大事な試合、同時に潮崎個人の将来も問われる大一番だ。本来の姿を取り戻せ、との思いを込めた一発だった。

今なら即刻謹慎となるパワハラだろう。当時も現地の新聞に「暴力監督」と書き立てられた。

交代させず、次の回もマウンドに送り出した。潮崎は、気迫のピッチング。得意のシンカーがさえ渡り、3者連続三振。やはり並みのピッチャーじゃない。このピッチャーは超一流の資質を持っていると確信した。

潮崎の好投でその試合に勝った。決勝も150キロ超の韓国エースを打ち崩し、日本はロス五輪以来の世界大会金メダルを獲得した。

センターポールにはためく日の丸を見上げ、涙がとめどなく溢れた。そのとき、選手の確かな声が聞こえた。

「監督!!　感情は殺さなくていいけど、コントロールしなきゃ」

1980（昭和55）年第51回都市対抗野球大会閉会式。背番号24番。キャプテン。この年で現役引退。最後の入場行進となった（写真は著者提供）。

松下電器監督時代（1986年）。素質のある選手には、1年目から大きなチャンスを与え、経験を積ませた。野球だけではなく、ビジネスの世界でも才能ある若手を次々と抜擢、育成を重ねた。若者は激励し、成功体験を味わわせることが何よりも大事だ（写真は著者提供）。

## 修羅場に強いのは個人の力だ。

「あなたの言っていることは、アメリカでは職業差別に当たります。アメリカでは、れんが積み職人は一生、れんが積み職人です。願わくば宝くじにでも当たって、この仕事から抜け出したい、そう思うのがアメリカ社会です」

ハーバード大学から新卒採用した生粋のアメリカ人青年、バリーは勢いよく手を挙げて、まくしたてた。新入社員導入教育のある日、新人全員にれんが積み職人の話をした。

「道を歩いていると、れんがを積んでいる職人がいた。〝何をしているんですか〟と訊ねると〝れんがを積んでいるんだ〟と言う。しばらく歩くと、同じ仕事をしている職人がいた。同じ質問をした。するとその人は〝私は大宮殿の基礎を築いている〟と胸を張って答えた。同じ仕事をしていても、この職人のように仕事にプライドを持つことが大切だ」

こう伝えた時の反論だった。大論争になった。

私は松下電器野球部の監督を36歳から40歳まで5年間務めた。その際、何度も選手たちに言っていたのが、「少しくらいエッジが立っている人間の方がいい。個の確立のできた人間が集まってこそ、チームとして力を発揮するんだ。助け合うだけが本当のチームワークではないんだ」。

監督を辞めて採用担当になった時、私の脳裏にあったのは、優れた個の力を持つ人たちに入社してもらいたい、という強い思いだった。日本で生まれ育った学生だけではなく、強い個の力を持つ海外の人材を加えることで、内なる国際化を図り、組織全体を活性化し、もたれ合いではない強い組織を作ろうと考えた。採用担当部長時代のこと。日本だけでなく、欧米など海外からの優秀な人材の採用を本格的に始めた。ハーバードを中心にアイビーリーグの名門大学などに赴いて、松下電器に入らないか、と、勧誘活動を展開した。努力は実を結び、欧米からたくさんの優れた若者が入社してきた。

その中の一人、ハーバード大学から新卒採用した生粋のアメリカ人青年、バリーは、とりわけ強い個の力の持ち主だった。彼は入社後、本社の知財部門に3年間勤務したが、その間、他の社員の数倍、成果を出し続けた。彼の目覚ましい働きは、周囲を圧倒し、惹きつけ、そしてその組織全体の力を大いに高めることに貢献した。バリーは、その後ハーバードビジネススクールに戻り、現在は東京でファンド会社を経営している。

オープンした彼のオフィスを訪ねると、社是の最初にこう記されていた。

「我々の事業の目的は、社会貢献にある」

「(ファンド会社なのに)第一の目的が利益ではなく社会貢献というのはおかしいじゃないか」と、少し冗談めかして言うと、彼は「これは初めて入った日本の会社で、熱い採用担当から学んだ経営理念です」と平然と答えた。

確かに松下電器の経営理念は「社会貢献」に他ならない。そのことで、入社直後の導入教育では、彼と口角泡を飛ばして、大激論したことを思い出した。

松下電器が彼らのような外国からの力によって活気づけられたように、彼らもまた日本の一企業と接することで、他では得られない何かを得ることができたのではないか。そう思うと、採用担当部長時代に部下と共に、「同質も異質も受け入れ、自社の武器に変える」――一心不乱に取り組んだことは間違いではなかったと思う。

わずかな可能性が
あれば前に進め!!
そこには必ず
未来に通じる道がある。

「私の専攻は数学と心理学のダブルメジャーです。GPAも高い。私はサマージョブでこんなスキルを磨いた。あなたの会社に私を生かせる仕事はありますか」

ここはハーバード大学。事務棟の一室。パナソニックはオンキャンパスで、おそらく世界でただ1社の就職説明・採用選考を行っていた。日本で学生と面談すると「私はサークル活動を通じて、チームワークを学び、アルバイトを通して、職業意識を体得しました」という話が多い。

彼我の差はあまりに大きい。このままでは大きく後れを取り、世界標準からどんどん置き去りにされてしまう。欧米の学生と面接をする度、私は危機感を抱かざるを得なかった。

採用担当部長になり、文科系、理科系の学生と最終面接、1対1で対峙することが、5年、6年と続いた。20分なら1時間に3人、15分なら4人、10分なら6人、次々学生が入ってくる。私の面接前には、職能面談があり、専門部署のトップと採用担当の私の部下が3対1で面談をする。それを受けて、私が最終関門の役割を担った。理科系の面談は1日40人ということもよくある。電気情報系、機械系、化学系等々、各面談ラインから次々、学生が入室してくる。資料を見つつ面談記録を書きながら相対するから、切り替えが大変だ。多い年には2000人以上の新卒、中途採用の人たちとお会いした。海外の優れた人材と比較すると、日本の学生はチャレンジ精神に乏しく、体験にも広がりがない。そう思い、手がけたのが100人規模の文科系のインターンシップ制度に似た「ウォーミングアッププログラム（WP）」だ。当時他社に同様の仕組みはなく、松下電器が先駆けとなった。その頃の採用面談は最終学年の4月スタートというのが習わし。それ以前に学生にアプローチすることは禁じられていた。内々定は7月1日、正式内定が10月1日。

理科系は大学の研究室と社内の研究所等との委託研究、共同研究等々もあり、短いながら職場体験も経て面談に臨んでいるケースが多かった。一方、文科系にそんな体験は皆無。

その文科系を対象に、就職活動とは別の位置づけでWPを導入した。2月から3月にかけて、3週間程度、職場体験をしてもらうものだ。企業側からのお仕着せではなく、学生自らが「自分は大学でこんな勉強をしてきたから、こんなスキルを持っている。だから、こういう部署で実習したい」と希望を明らかにし、実際にその部署で就業体験をしてもらった。各部署で参加学生を評価し、一定のポイント以上を挙げた学生は、本人が希望すれば複雑なプロセスを経ることなく、最終面談に直行できるシステムも作った。日本の学生の就業意識をもっと高いレベルに押し上げたい。高い意識で仕事と向き合う学生を増やしたい。そんな思いで、WPを導入した。当然ながら、WPを経て応募するかどうかは本人次第。一切、関知しなかった。このシステムをクリアして入社した人の、その多くが優秀な業績を上げている。

当初、このシステムは青田買いと間違われ、少なからず批判もあった。しかし、軌道に乗ると、とりわけ同業他社がその手法を学びに来ることが多くなった。

併せて「配属ドラフト制度」という、学生のシーズと受け入れ職能のニーズをかみ合わせる相互面談の場も設け、人材の適材適所を図った。入社4年目には、全員の「フォロー面談」を本社人事部門が出向いて行い、採用時点とその後の育成過程を評価。職場の育成マインドが弱い場合は、問答無用の配置転換も実施した。本人にとっても会社にとっても他社に移るより有益だ。人事担当副社長からは「ウォーミングアッププログラムに配属ドラフト!?　誰がこの制度を作ったか、一目瞭然だね」、冗談交じりにそんなことも言われた。

人事という仕事は、他の部署よりかなり制約が多い。採用活動に関しても同様だ。だが、「難しい」「できそうにない」では話が前に進まない。巨大な壁のように見える障壁でも、はじめから避けないで、ぶつかってみれば、そこに突破口があることも多い。不可能だろうと考えて縮み上がらず、わずかな可能性があれば前に進むこと。一筋の光でも見えれば、諦めてはいけない。そこには必ず、未来に通じる道がある。

パナソニック常務役員時代、部下と打ち合わせ。最終関門を突破して入社する若き才能を認め、発揮させるのが私の仕事だった。人材の適材適所が企業躍進のカギになる。
© 毎日新聞社

# 慣れは往々にして隙を生む。

「夕闇迫る甲子園。はるかに煙る六甲の山並み。アルプススタンドの細く長い影が、スーッと延びてマウンドに。見上げれば、はや秋の気配か、赤とんぼ。本日決勝戦の解説はお馴染みの鍛治舎さんです。鍛治舎さん、いかがでしょう⁉ 決勝そして今大会を振り返ってどんな印象をお持ちですか」

優勝・準優勝の両校が場内1周を始めると同時に、名物アナが話し始めた。

# 解

説を始めて何年かして、初めて夏の甲子園決勝戦を担当させていただいた。私は解説に慣れつつあった。アナウンサーは、状況描写が絶妙な早稲田の先輩。決勝戦では、実況中にさまざまなアルプス応援席からのリポートや飛び込みのコメントが入ってくる。解説者が試合中に口を挟むことはそれほど多くない。いちばんの見せ場は、試合終了後、優勝校と準優勝校が場内を1周する際、大会全体を振り返って語る場面。「夕闇迫る甲子園。はるかに煙る六甲の山並み。アルプススタンドの細く長い影が、スーッと延びてマウンドに。見上げれば、はや秋の気配か、赤とんぼ。本日決勝戦の解説はお馴染みの鍛治舎さんです。鍛治舎さん、いかがでしょう!? 決勝そして今大会を振り返ってどんな印象をお持ちですか」

大会全体の振り返りだから、事前にきちんと話すべきことをまとめておける。紹介すべきエピソードや、関心事、感動したことなど、万端準備して臨んだ。閉会式も大詰め、両チームの行進も終わり、私もすべてのコメントを出し尽くした。

「雨の中のあの大激戦……」

池田高校監督蔦文也《つたふみや》さんが、宿舎でサポートに回った選手に語った「君たちは今日まで控えだった。しかし人生に控えはない。明日からは君たちが主役だ」という話まで紹介した。

ほっと一息ついた時。想定外!! 話を延ばせの合図! NHKにはコマーシャルがない。まさしく不測の事態勃発。話をそのまま持たせて! こちらに振らないで! そう思っていると、案の定アナウンサーが「今大会は終わりましたが、鍛治舎さん、全国の高校球児に何かありますか」と振ってきた。焦ったが、ふと朝刊に、すでに北海道では翌春のセンバツに向けて地方大会が始まっているという記事があったことを思い出した。とっさにこんな話をした。

「すでに北海道ではセンバツに向けて試合が始まっています。中にはもうすでに負けたチームもあります。負けた球場が、その球児にとっては甲子園かもしれない。全国高校球児のみなさん、それぞれの甲子園、はるかなる甲子園に向かってがんばってください」

その場のとっさの思いつきだったが、大会後にたくさんお褒めのお電話やお手紙をいただいた。あらかじめ用意した原稿より、その時感じたことを自分のことばで真摯に語る方が人のこころに届くのだと実感した。

2010(平成22)年夏。興南高校が深紅の大優勝旗を初めて沖縄へと持ち帰った決勝戦。それが私の最後の解説だった。その試合でも、打ち合わせにない突然の振りが実況アナウンサーから来た。

「鍛治舎さんは今日で解説を終えられますが、今どんなことを思っていますか」

いつからか、解説者は61歳の誕生日までと内規で定められていた。いつまでもやりたいという人にやめてくださいとは言いにくいからだろうか（!?）。最後の試合といえど、あえてアナウンサーはそのことに言及せず、解説者は静かに降板するのが常だった。私は59歳で解説を終えることにしたが、まさしく打ち合わせにないまさかの突然の振り。足かけ四半世紀に及ぶ甲子園での解説だったが、慣れは往々にして隙を生む。多少うわずって、最後のコメントを話し始めた。

「甲子園はまさに百花繚乱。将来の野球王国日本を担う人材の宝庫だと思います。この夏も84万人超が入りました。世界でもまれな高校野球人気です。私たちはこれを守り、育てる責任があると思います。私はこれで放送席を離れますが、引き続き温かく見守っていきたい、そう思います」

……それから4年、私は、高校野球の指導者として、放送席ではなく、グラウンドに立っていた。以来、何試合、監督を体験しただろう……。その中で、不思議だが、甲子園だけは、監督をしている自分の後ろに客観的に試合を見ているもう一人の解説者・鍛治舎がいた。

「さあ、キミの舞台だ！　自由に打ちなさい」。甲子園球場。笑顔で選手を送り出す自分の後ろには、試合を楽しみながら解説していたもう一人の自分がいた（写真は大友良行氏提供）。

空は曇っていても、
太陽が
なくなったわけじゃない。

「放送終了時間も迫ってまいりました。最後に敗れた帝京のナインにひと言お願いします」

それは無茶振りだろう！　夏の甲子園、後がない。まさかの大逆転を成し遂げて、再度大逆転され、負けた帝京の選手に何を言うのか⁉

同窓の後輩アナウンサーにこころでそう叫びながら、空を見上げた。曇っていた。

「見上げれば空は曇っていますが、太陽がなくなったわけじゃない。帝京の選手には、それぞれの新たな太陽に向かってがんばってほしいですね」

2006（平成18）年夏の甲子園といえば、早稲田実業と駒大苫小牧の決勝戦再試合があった。斎藤佑樹《さいとうゆうき》（現・日本ハムファイターズ）と、田中将大《たなかまさひろ》（現・ニューヨークヤンキース）両投手の熱投が話題を呼んだ。それ以上に印象に残っている試合があった。準々決勝第2試合。ラジオ放送席。当時、甲子園通算勝利数1位の智辯学園和歌山髙嶋監督、同勝利数3位の帝京前田監督の試合は、お二人の采配も見どころのひとつだったが、終盤に入り、劇的な展開を見せた。八回を終えて4対8で智辯和歌山リード。

「ああ、この試合も終わったな」

観客の多くがそう思った九回表、帝京打線が火を噴き、なんと2アウトから連打が続いて、一挙8得点。12対8と大逆転した。

その裏、守る帝京のマウンドには外野手が立っていた。代打を使い果たしピッチャーが残っていないようだった。最終的には、キャプテンが押し出し四球を選び、智辯和歌山が5点取って、サヨナラゲーム。13対12。実に九回だけで、両チーム合計13点が入った。最後まで試合を諦めない気力と気力のぶつかり合い、歴史に残る試合だった。

試合終了後、甲子園球場は両チームをたたえるスタンディングオベーションが続いた。

敗れた帝京の選手が、地面に崩れ落ち、泣きじゃくっていたその時、実況アナから投げかけられたのが、このことばだった。

「放送終了時間も迫ってまいりました。最後に敗れた帝京のナインにひと言お願いします」

これは夏の甲子園。センバツと違い、後がない。最終回、奇跡の大逆転で大きくリード。それを再度、まさかの大逆転で敗れ去った帝京の選手にかけることばがない。困り果て、空を見上げた。曇っていた。とっさに口をついて出たことばがあった。

「見上げれば空は曇っていますが、太陽がなくなったわけじゃない。帝京の選手には、それぞれの新たな太陽に向かってがんばってほしいですね」

試合後には両チーム、監督と選手のインタビュー。中継が放送席に戻ってその試合の振り返りと続き、だいたい20分程度過ぎる。ラジオ実況席は、甲子園のネット裏、最上部にある。放送終了と同時に、7～8人のファンの方々が押し寄せた。

「鍛治舎さん、感動的な放送をありがとう。私も同じ思いです」

口々にそう叫んでいた。放送をイヤホンで聴きながら、試合観戦している人が多い。試合が終わって涙したが、ファンの皆さんのそのことばに再度涙。思い出に残る大会だった。

目の前の試合に集中せず、
先を見る指導者は、
そこで敗れ去る。

「次は優勝候補といわれているチームとの対戦になりますが……」と水を向けられ、うかつにも「そうですね、楽しみです」とでも答えようものなら、次はない。名将と呼ばれている監督でさえ、すべて敗れ去った。

それが甲子園の甲子園たるゆえんだ。

**指**導者というものは、リアリストであるべきだと私は考えている。加えて、夢を語ることと、眼の前の現実に真摯に向き合うこととは、相反するものではないとも思う。大きな夢を描くことは大切だ。ただし、その実現に向けた道筋は、着実に一歩ずつ進むのが基本だと思う。近道はない。そこで血が流れていれば、まずは血を止めるのが先決。燃えていれば消火が最優先だ。眼の前の大事をおろそかにして、先を見る指導者は、確実に夢に背を向けられる。

高校野球の甲子園での解説を足かけ25年にわたって担当した。試合予定の2時間前に雨天練習場で両校10分ずつの取材がある。そこで、さまざまな指導者と出会い、感じたことがある。目の前の試合を差し置いて、次の試合を語った監督は、私が解説した試合では、一人の例外もなく敗れ去った。

時間に限りがあるから、記者さんからは矢継ぎ早に質問が浴びせられる。

「この試合に勝てば、準決勝ですね!?」

あるいは、

「次は優勝候補といわれているチームとの対戦になりますが……」

と水を向けられ、うかつにも「そうですね、楽しみです」とでも答えようものなら、次はない。名将と呼ばれている監督でさえ、すべて負けて甲子園を去った。実力接近、しかも勢いに乗るチーム同士の対戦で、1試合先を見越して投手起用したり、温存して勝てるほど甲子園は甘くない。選手が「優勝を目指します」とコメントすることはよくあり、それが勝敗に直結することはまずない。ところが、監督が同じことばを発して、先の試合を語ると、不思議にもただの1校も勝つことはなかった。それが甲子園の甲子園たるゆえんだ。

よく「甲子園には魔物が棲《す》んでいる」「甲子園にはまさかの坂がある」といわれる。実際、その場に立つと、そんなものはない。そこにあるのは、日頃の練習で積み上げた自信は、確実に成果となり、積み残した不安は確実にピンチを招き、容赦なく襲ってくる、という事実だ。日常の練習をおろそかにして勝てるほど、甘くはない。甲子園は日常を映し出す鏡だ。

# 小事をなせずして、大事がなせるか!!

パナソニック東京支社の社長室で、新任となった社長と二人でトップ発信内容を検討している最中だった。突然、秘書がノックをして入室。

「鍛治舎役員、会長がお呼びです」

社長から「何があったの？」

「昨日会長から3度、部屋から出て行きなさいと言われました」

「そんな大変なことがあったの。すぐ行った方がいい」

会長室に入ると、昨日の鬼の形相が仏に変わって出迎えられた。

社長と会長の交代があり、それをマスコミにどう披露しようかと検討した。最終的にメディアのみなさんをお招きして、毎年東京と大阪2会場で行っている記者パーティーをもって置き換えようということになった。

大阪会場。前任社長だった会長の前には長蛇の列。次々と言葉を交わしながら、人が入れ替わっていく。名刺が少なくなり、会長からテレビ担当の広報課長に「名刺ね」とひと言。会場に来ていた秘書室のメンバーに確認したが、名刺はない。慌てて会長車に向かうと、ダッシュボードの中には社長名の名刺がそのまま……。秘書に届けてもらい、結果的に名刺が切れることなく、お客様に失礼はなかった。事なく送り出したつもりが、翌日突然の呼び出し。おそらくドライバーさんが、名刺の入れ替えをしてなかったことを詫びたのだろうと思う。部屋に入ると烈火のごとく叱られた。

「どういうことですか。こんな不愉快な会には金輪際出席いたしません」

本来、新任会長の名刺は秘書室が準備するもの。その思いが、私の顔に出ていたのかもしれない。

「来週、東京会場でもありますので、改めてお願いに上がります」するとかぶせて、「出て行ってください」。

「再度お願いに上がります」と申し上げたが、3度同じ言葉が繰り返され、やむなく部屋を出た。

即日、移動。東京の住まいとなっていた白金のマンション近くを歩く。

「なぜ、自分の担当でもないことでこれほどお叱りを受けなければならないのか」

偶然入ったのが、北里柴三郎記念室。そこには、北里柴三郎本人が生涯戒めとした、福沢諭吉翁から北里研究所病院事務長にあてた長文の手紙が額におさまり展示されていた。

当時、北里研究所病院は世界的に名を馳せて大繁盛。週刊誌に北里翁と芸妓さんとのゴシップ記事が出たりした頃だった。病院直轄の牧場から福澤翁宅に大好きな牛乳が毎日届けられていた。ある日ビニールカバーと蓋の間に一本の髪の毛が混入していた。それを激しく非難した手紙だった。

「事小なるに似て決して小ならず。一ビンのミルクは以て病院中の百般を卜《ぼく》すべし～」

目から鱗。ああそうだったのかと気づかされた。

当時役員になったばかりの私に、奢りが見て取れたのかもしれない。確かに名刺の準備は秘書室の担当だったが、イベントそのものは私の担当。ということはすべて私に責任がある。そう思って当然。会長は、「名刺の準備という小さなこともチェックできずして、役員として大きなことができますか」。そうおっしゃりたかったのか……と思い至った。

翌日、東京支社の社長室で新任となった社長と二人でトップ発信内容を検討している最中。突然、秘書がノックをして入室。

「鍛治舎役員、会長がお呼びです」

社長から「何があったの?」。

「昨日会長から3度部屋から出て行きなさいと言われました」

「そんな大変なことがあったの。すぐ行った方がいい」

会長室に入ると、昨日の鬼の形相が仏に変わって出迎えられた。

「まあ、お座りなさい」。座ると続けて「次はいつでしたか?」。出席するよということか!! 感極まって涙がこぼれそうになった。そしておもむろに話をされた。

「私にひどく叱られて、何カ月も顔を見せない人がいた。中にはずっと来ないで、知らないうちに辞めた人もいる。でもね、平気な顔をして早々部屋に入ってくる人もいた。キミもその一人だね」

私は呼ばれたから来たのにと思いつつ、おこがましい限りだが、とことんこの会長についていこうと心に決めた。「小事をなせずして、大事がなせるか」、これを生涯の戒めとした。

大阪市北区の毎日新聞大阪本社でインタビューを受ける（2014年3月11日）。パナソニック専務役員時代、ありとあらゆるメディアの取材に対応し、会社のブランド価値の構築に務めた。©毎日新聞社

報告は、悪い情報ほど最優先、より早く!!

「本部長、社長がお呼びです。緊急の用件のようです」

私は、広報に宣伝が加わりブランドコミュニケーション本部長となっていた。部下とともに昼食を終え、休憩を取ろうとしていた矢先の緊急電話だった。すぐに主要部長を呼び集め、「何かこころ当たりはないか。とくに社長に未報告で都合の悪い案件はないかな?」。

すると、3件、私も報告を受けていないまずい案件が出てきた。

「おいおい、私も聞いていないぞ」と言いながら、自分自身も2件ほどあった案件をクリアファイルに入れ、小脇に抱え社長室に走った。

ブランドコミュニケーション本部長となり、それまでの広報に宣伝等も加わり、守備範囲が大きく広がっていた。社長からの突然の呼び出しに右往左往。なんの用件なのかまるで見当がつかない。クリアファイルを小脇に抱え、社長室に走った。

部屋に入ると、「まあ、どうぞ」。皆目見当がつかない。しかし顔だけ見ると、怒り心頭ということでもなさそうだ。突然切り出された。

「見たよ」。それだけ言われると、沈黙。毎々ことばが少なく、推し量るのに苦労する。

「あのテレビ番組、見たよ。ナレーションで流れていた『自分がプロに行って成功しても一人のスーパースターで終わる。アマチュアに残り、少年たちを育てれば、幾人ものスーパースターが生まれるかもしれない。そのことに魅力を感じてやっています』、あれはよいことばだね。パナソニックの野球部も草野球でもいいから、そういう爽やかなチームにできるといいね」

なんだ、そんなことかと、胸をなで下ろした。あのテレビ番組とは、私が監督をしている中学硬式野球チームの枚方ボーイズがキャプテン前田の涙の逆転スリーランで日本一になった時のもの。当日の視聴率が15・8％。この種の番組では圧倒的に高かった。それもあって、何度も再収録・再放送された。しばらく歓談が続いた。

緊張を解いて油断したら、問われた。机の上に置いた少し厚めのクリアファイルを指さし、「ところで、それは何?」。

「いいえ、なんでもありません」

慌てて裏を向けると、そこにも別の案件があった。これはマズい!!

いつもの鋭い目がゆるみ、笑みが浮かんだ。

『Bad news first & fast』。そうだった。悪い情報ほど最優先、より早くしないと……。社長がよく口にされることばが心に浮かんだ。最敬礼して立ち上がり、急いで部屋を出た。

自部門のある階でエレベーターを降り、職場に向かうと、心配そうな顔をして部下たち数人と秘書が出迎えてくれた。私が頭上で大きく丸を作ると、とたんに拍手が起きた。

「なんでしたか?」

「いや、なんでもなかったよ」

そして、5件の案件が入ったクリアファイルを部下の前に差し出して聞いた。

「ところで、これは何?」

部下から都合の悪い情報を聞き出すには、この手法は秀逸かもしれない。

# 一

# 先《せん》憂《ゆう》後《こう》楽《らく》。

「え、本当に!? すごいニュースだぞ、これは」

2008（平成20）年1月10日正午、NHKが全国中継で「松下電器が社名ならびにブランドをパナソニックに」というニュースを流し始めた。毎年初め、世界の松下グループに向けて同時中継される経営方針発表会の会場前。当時世界最大といわれた103インチプラズマディスプレイを調整している最中だった。社内ではきわめて限られた役員しか知り得ない情報だった。

# 13

時からの臨時役員会議を前にして、次々と集まってくる役員。会場は緊張感に包まれていた。

トップからは、すでに私宛てに「リークしたのは誰ですか。即刻調べてほしい」というメールが入っていた。もと上司の人事担当副社長が傍らを通り過ぎる際、「鍛治舎、大変だな。がんばれよ」。同窓の先輩で、電子部品のマーケティング担当副社長からは「流したのは鍛治舎？　すごいスクープだな」。

「いや、違いますよ」と強く否定した。広報担当役員としてまさに危機的状況だ。20年以上、NHKで高校野球の解説を担当し、なおかつ広報担当役員でもある私が真っ先に疑われた。

当時のNHKの松下電器担当記者は現在「ニュースウオッチ9」を担当している記者さん。部下に携帯電話番号を聞いて直接連絡を取ったが、ニュースソースを明かすはずもない。途方に暮れた。

松下電器産業株式会社、ナショナル、パナソニック、松下電工、さまざまあったブランド、社名をグローバルに〝パナソニック〟へ統一する。それをまずは世界中の社員に同時中継で発信する直前のスクープ報道。社内外で大騒動となった。

結果、通常13時半の夕刊原稿の最終締め切りに間に合い、パナソニックへの社名変更・ブランド統一は各紙夕刊の一面を飾った。夜の各局報道番組でもトップニュースとして大々的に流れた。ネットも追随。瞬く間に世界中に伝わった。翌朝刊でも大きな扱いとなった。ブランド発信としては、客観的に見れば、大成功ともいえた。ただ広報担当役員としては、事前に大きなニュースが漏れることは、あってはならない。余談だが、ニュースの際に一様に流れたのは、あの「明るいナショナル♪」で始まるかつてのコマーシャルソングだった。「世間では、まだそのイメージなんだな。これはまさに大転換だ」。そう思った。

ひそかに、株主様やご販売店、ファンの皆様からのあらゆる問い合わせ、苦情に対応するQ&Aを周到に事前準備していた。

当日深夜まで広報に寄せられた数々の問い合わせの中でいちばん多かったのは、「月曜夜8時のナショナル劇場『水戸黄門』はどうなるんだ」。2番目に多かったのは、「浅草雷門大提灯の『松下電器』はどうするんだ」というもの。肩の力が抜けた。中には厳しいクレームもあったが、ごくわずか。「がんばってほしい」という温かい声が圧倒的。ほっとした。先憂後楽。

それまでにも、2001(平成13)年のITバブル崩壊時には、労政部長として、社内での配置転換や、社外に職を求める社員のみなさんの再教育・支援を中心とした全社一斉早期退職優遇制度を担当。次の年の2年目には、企業年金と市中金利が大きく乖離し、現役社員の企業年金利率を大幅に引き下げた。労働組合と合意してとったその措置に伴い、退職者企業年金もそれなりに引き下げをお願いする、という年金改革、制度改革を推進した。

そうした危機において、つねに部下の皆さんに対して申し上げたのが、「今が先憂後楽の時だ。みんなでこの状況を乗り越えよう。後輩たちのためにも、課題を積み残さずに、やり切ろうぜ」というものだった。

パナソニック常務役員時代、元野球部の監督として新聞のインタビューに答える。野球の話題になると、思わず素振りのポーズ。©毎日新聞社

感動の繰り返しと
勉強の積み重ねで、
自分という
作品ができていく。

「それではここで、みなさんより少しだけ年は若いですが、同じ新入社員の仲間をご紹介します。東京から駆けつけていただきました。ではどうぞ！」

パナソニックの大学高専卒新入社員入社式直後の導入教育会場。その若者は舞台の袖から颯爽《さっそう》と登場した。

「みなさん、おはようございます」

大歓声と割れんばかりの拍手。２００８（平成20）年、16歳で所属契約を結んだ、ハニカミ王子、プロゴルファーの石川遼が立っていた。

「今日からボクはみなさんと同じパナソニックの社員です。世界中の仲間と一緒にがんばりましょう」

大阪府枚方市パナソニックの社員研修所の壇上から降りた石川遼は、中央通路に一斉に集まって作られた新入社員の人垣の中を、笑顔で握手しながら退出していく。一気に800人あまりの新たな社内ファンを獲得した遼くん。彼はここから数々の日本、そして世界の最年少記録を生み出し、私たちを感動の渦に巻き込んでいった。

パナソニックには社外に向かってブランド発信しているたくさんの部門があった。私は2008（平成20）年4月、その機能を本社に一元集約化して、グローバルブランド戦略をワンヘッドで担当する本部長となった。初仕事が、石川遼の新入社員導入教育総合朝会への登場だった。5年の所属契約を終えた今でも、遼くんとはメル友だ。

人を一つの作品として見た場合、その作品を創り上げるのに必要なのは、生まれながらの性格や個性、育った環境などとは関わりなく、感動と勉強の積み重ねだと思う。

どれだけ多く感動し、どれだけ多くのことに興味を持ち、勉強を続けるか……。感動の繰り返しと勉強の積み重ねで、自分という作品ができていく。人はいくつになっても、勉強する姿勢を忘れなければ、成長できる。そう思う。

遼くんは今も苦悩しながら、試行錯誤して、ゴルフをより深く勉強し続けている。今年からは最年少26歳で選手会長に就任。これまで以上に日本のゴルフ界発展のため、さらには世界中の人たちを感動させる存在になることを願ってやまない。

# 戦わずして勝つ
## 〜先んずれば、こころ通ず〜

「いちばんの理由は、３年前ボクの世界での可能性をいちばん早く認めてくれたのがパナソニックだったから」

集まったメディア関係者からの第一問、「Why Panasonic!?」。なぜパナソニックと契約したのですか!?　に対するネイマールJr.のことばだった。

# 人

事部門で29年間勤務した後、本社広報に異動し、広報部長を経て、パナソニックブランドの世界発信を取りまとめる、宣伝・広報担当役員に就任。グローバルブランド戦略を指揮することになった。その代表的な取り組みの一つが、ネイマールJr.とスポンサー契約を結び、グローバルに起用したことだ。彼は、ブラジルサッカー界のみならず、世界の至宝だ。2017（平成29）年8月には、パリ・サンジェルマンFCが、メッシなどが所属するバルサからネイマールJr.の移籍・獲得を正式発表。今なお圧倒的な影響力を持つスーパースターだ。

ネイマールJr.とパナソニックとは、2010（平成22）年にパートナーシップ契約を締結して以来の付き合いで、2011（平成23）年からはグローバル広告において、さまざまなCM、プロモーションに登場いただいた。

2013（平成25）年、3年間の契約が終了する際には、ネイマールJr.がFIFAコンフェデレーションズカップでMVPを獲得したこともあり、韓国や日本の電機メーカー2社と大変な競合になった。両社とパナソニックとは契約金額の提示段階で億単位で桁が違う。実に3倍から4倍の開きがあった。当時、あきらめ顔の部下に「(契約を) 取れなかったら、ブラジルに墓を買え!!」と今なら完全パワハラでずいぶん無茶な活を入れて

（⁉）、送り出した。「取れました！」と見事契約にこぎつけ、ブラジルから電話が入った時は、正直驚いた。同年7月、ブラジル・サントス市でネイマールJr.と二人で記者会見に臨んだ。昼12時という定時番組がある時間帯だったが、5局が生放送、世界中に中継された。200人ほど集まったメディア関係者からの第一問は、当然「Why Panasonic!?」。なぜパナソニックと契約したのですか、だった。当時、21歳の彼は、真摯に話し始めた。

「父からは、『自分が好きだったら、契約したらいい。嫌いならやめなさい』と、いつも言われます。ボクはパナソニックが大好きです。パナソニックの商品をいっぱい使っています」

と言って、まだ販売していなかった商品まで紹介してくれた（!?）。そして最後に「いちばんの理由は、3年前、ボクが世界で活躍する可能性をいちばん早く認めてくれたのがパナソニックだったから」。

横で聞いていて、21歳の若者がそう言ってくれるのかと、思わず涙が溢れた。3年前、彼が世界的にまったく無名な時に、ワールドワイド、全商品対象で契約した。今からすれば、わずかな金額だったが契約しておいてよかったと痛感した。

ライバルメーカーと大競合する前に、機先を制する。まさしく戦わずして勝つ。グローバルに将来大きく伸びゆくスター候補を探している中のひとりにネイマールJr.が浮かんだ。

彼は驚異的なスピードでスーパースターになった。そして3年後、こころが通じた。私の暴言とも言える活に俊敏に反応して、地球の反対側まで行ってくれた部下に、感謝あるのみだ。

晴れて帰国した部下の第一声は「専務、墓を買わずにすみましたよ!!」。

笑顔がはじけていた。

ブランディング力は双方向の信頼から生まれる。信頼がなければ、相手の懐に入ることは絶対にできない。パナソニック役員時代、IOC やユネスコのキーマン、石川遼くんやネイマール Jr.……誠心誠意接すれば、こころは通じた（写真は著者提供）。

# 苦境に立たされたトップは、褒めたたえて支える。

「全力を挙げて社長を守ります。万が一社長を守れなかったら社員を守ります。それもできなかったら、ブランドだけは守り抜きます」

歴史的なトップ交代の時、新任社長にそう申し上げ、大笑いになった。退任の際には、静かに去りたい、と自分の流儀を貫こうとするそのトップに、

「この独自の世界戦略は歴代どなたにもできなかった偉業です。素晴らしい実績を積み上げげられました。メディアの皆さんを通じて、力強く発信させてください」と電話口で直訴した。

パナソニックで本社勤務が30年近く続いた。日本経済は10年周期で好不況が繰り返された。その渦中で、パナソニックも他メーカー同様、業績悪化に陥り、都度、苦悩するトップとそれを支える名参謀のしびれるような絶妙のこころ合わせを目の当たりにしてきた。役員になって以降は、微力だったが、その役を担う場面に遭遇。愛読してきた『三国志』のこのことばを何度となく思い起こし、再読してきた。これは三国志最大、赤壁《せきへき》の戦いの前。袁紹《えんしょう》と大戦を展開する直前に弱音を吐く曹操《そうそう》を軍師荀彧《じゅんいく》が励ます、立て板に水の如く話し始めた場面のことばだ。
以下、荀彧が曹操に語った10の勝因をご紹介したい。

袁紹は儀礼を好む。主君は自然に任せて制約に縛られない。これ「道」の勝因。
袁紹は流れに背き、主君は天意に任せる。これ「義」の勝因。
袁紹は過ちに寛大だが、主君は厳刑で乱世を治めた。これ「治」の勝因。
袁紹は人を疑い、妬《ねた》む性格。主君は人を疑わない。これ「度」の勝因。
袁紹は優柔不断で機会を逃す。主君は即断実行する。これ「謀」の勝因。
袁紹は名声を欲し、機嫌を取る輩を用いる。主君は才能を重んじるから、自ずと才能ある者が仕えたがる。これ「徳」の勝因。

袁紹は救済するのは目の前の貧しき者たち。主君は天下の民に心を配る。これ「仁」の勝因。

袁紹は讒言《ざんげん》を聞き入れるから部下たちが争う。主君は真実に耳を傾ける。これ「明」の勝因。

袁紹は是非を混同する。主君は信賞必罰。これ「文」の勝因。

袁紹は戦いで虚勢と数を誇りとする。主君は少数の兵を神の如く操る。これ「武」の勝因。

不安に思うことはない。袁紹には10の敗因があり、主君には10の勝因がある。


客観的な評価のようでもあり、荀彧の主観的な思いのようにも受け取れる。何より重要なことは、日頃口うるさくとも、信頼している部下から、人格的にも、戦略家としても、政治家としても、あらゆる面において優れていると褒めたたえられた曹操が、下がりきったモチベーションを一気に高めて、雌雄を決する戦いに臨む力を得た、ということだ。参謀たる者、決してこびへつらうわけでなく、荀彧のように、自然体で、時に気弱になっているトップを褒めたたえて支えることが、組織を勝利させるためには必要だ。人間関係で悩んだ時は、三国志に限る。その壮大なスケールと権謀術数が渦巻く中で、人生いかに生きるべきかの理想像と答えが溢れんばかりに迫ってくる。独断だが、私はそう思う。

Column

# 希望は絶望の淵から生まれる。

父が事故で脊髄を損傷し、半身不随、車椅子の生活になった。私が大学3年生の夏だった。1972（昭和47）年6月、1時限目の講義の最中、変な胸騒ぎがして寮に帰った。玄関に入ると、突然、電話の呼び出し音が鳴り、下級生の電話当番が取り次いだ。母からの電話だった。

「父さんが事故で入院した。巧、すぐに帰って来て」

動転した母からはそれしか聞けなかった。急ぎ帰省した私の前に横たわった父は、まるで別人。神戸生まれで神戸育ち。若い頃には白いトレンチコートを着、タップダンスを踊り、マイボールでボウリングをしていた父の、闊達でものおじせず、力強い姿はそこになかった。

1週間後、「これから先は自分の足では歩けない」。そう知らされた父は自暴自棄に。家族や医師、看護師にも口を閉ざし、自分の殻に閉じこもる。絶望の状態。

ところが父は、障がいを負ってから、かえって強くなった。

100針以上も縫う褥瘡《じょくそう》の大手術など、4度の危篤状態を脱して見事退院。上半身だけで運転できる障がい者用の車を購入し、日本全国、自由自在に赴いては、自身の体験について講演して回るようになった。

事故から10年以上経ったある日。休日早朝、自宅前で大きなクラクションの音。急いで窓を開けると、岐阜から大阪まで180キロを2時間弱で走行した父だった。たとえは乱暴だが、私は父のことを親しみを込めて「障がい暴走族」と呼んでいた。

父は、「自分には二つ誕生日がある」とよく話していた。「ひとつは生まれた時、もうひとつは事故にあった時」。

「車椅子の毎日を送るようになってから、自分は本当に変わった」と、父は繰り返し話していた。「日々、こうして生き永らえていることに感謝。事故に遭わなかったらもっと早く死んでいた」と、口癖のように言っていた。「自分の身体を大切にし、母さんはじめ家族や周りの人たちの支えを素直に喜べるようになった」とも。

入院中、こころ閉ざす父に小さな手鏡が差し入れされた。後に父はこれを「魔法の鏡」と呼ぶようになった。

「情けなくベッドに横たわり、自力で体位を変えることもできず、病室の天井しか見られなかった自分が、こんな小さな鏡を手にしただけで、何もかも変わって見えた。手をかざせば外の景色が目に飛び込んできた。廊下をかしましく通る人たちも見えた。自分より容体の悪い人が緊急手術に向かう姿が見えることもあった。自分だけが特別不幸なわけではない。そう思った。人は変われる。こんなちょっとしたきっかけで、絶望の淵から希望の兆しを私は見いだした」

父はそう話していた。

絶体絶命、先が見えない。絶望感に打ちひしがれた時にこそ、真の希望が見いだせるのかもしれない。自分自身が打ちのめされて、もう立ち上がれそうにない、周囲のすべてが敵に思えた時、そんな時に私は、父の姿を思い出す。

# 第二部

# 3年で日本一を目指す

## ～高校野球の監督になる！

パナソニック役員退任後、生涯の夢だった高校野球の監督となった。就任記者会見では「3年で日本一を目指します」と宣言した。それから3年余り。日本一にはなれなかったが、秀岳館は甲子園4季連続出場、3季連続ベスト4を記録した。

# 一　３年で日本一を目指す。

「3年で日本一を目指します」

その瞬間どよめきが起こった。記者会見に集まったメディアのみなさんはもちろん、学校関係者もあっけにとられたようだった。

縁あって熊本に来た限りは「選手たちの人生を根底から変えるような野球部にしたい」――そう考えて私は走り出した。

私が高校野球の監督になるというニュースは、2014（平成26）年2月27日付の日本を代表する経済紙朝刊囲み記事で、「パナソニック専務から高校野球監督に」と紹介された。堰を切ったように他紙が追いかけ、騒動は4月に入っても一向に沈静化する気配はなかった。ありがたいことだ。企業の役員から高校野球の監督になるという物珍しさがあったのだろうか。長年NHKの解説をしていたため、鍛治舎という あまりない名前が知られていたこともニュースバリューになったと思われる。その前年、私が指揮を執る中学硬式野球「枚方ボーイズ」が史上初めて主要5大会を完全制覇したこともあり、中学野球では通用しても、名将ひしめく高校野球の指導者としていかがなものか、お手並み拝見、という挑発的な意味合いが、記事の行間に含まれたものもあった。事前の報道もあってか、4月7日、監督就任の記者会見には、地元メディアだけでなく、全国紙の記者のみなさんも多く集まっていただいた。その席で、私は秀岳館野球部が目指す方向を明らかにした。

「3年で日本一を目指します」

瞬間、どよめきが起こった。

秀岳館野球部は、春夏通算2度の甲子園出場経験があったが、2003（平成15）年の出場以来、10年以上甲子園から遠ざかっていた。そんな状況で、「3年で甲子園」ではなく「3年で日本一」。記者のみなさんはもちろん、学校関係者もあっけにとられたようだった。

途方もない夢、見果てぬ夢と思われる目標を掲げない限り、根本的なイノベーションは、生まれ得ない。また、無謀と思われることに情熱を傾けるリーダーの姿を見せること、それが選手や保護者、学校関係者のこころを動かすことにつながるものと確信しての宣言だった。続けて、私はこう語った。

「高校野球の監督は私にとって生涯の夢でした。選手と一緒に汗とほこりにまみれて白球を追いかける。これ以上のロマンはありません」

実際、秀岳館に招聘《しょうへい》されるはるか前から、私は家庭の中で「野球人生の集大成は、高校野球の監督」と言ってきた。そのせいか、妻も子どもたちからも一切の反対はなかった。縁あって熊本に来た限りは「選手たちの人生を根底から変えるような野球部にしたい」

——そう考えて私は走り出した。

その後も、連日メディアの取材が続き、新聞やテレビだけでなく、ラジオ、週刊誌、月刊誌、タウン誌、果ては海外メディアまでもが私たちのことを報じ、その広告換算価値は瞬く間に数億円規模にふくらんだ。感謝してあまりあるものがある。

# 一　長靴を買いなさい。

実に壮観だった。更衣室にずらりと並んだ141足の長靴は、秀岳館高校野球部に徐々に、着実に、日本一に向けた意識と行動を呼び覚ます橋頭《きょうとう》堡《ほ》となった。

「長靴を買いなさい」

選手を集め、話をした、監督就任第一声だった。

そのことばに、選手たちの意識改革を図り、行動変容を促すきっかけにしたい、という決意を凝縮させた。

# 秀

岳館野球部の練習環境は決して恵まれているものとはいえない。

グラウンドは、部員たちが暮らす寮に取り囲まれ、レフト側こそ100メートルと唯一広めだが、ライト側70メートル、センターでも110メートル。ロングティーの打球が、レフト後方の武道館の屋根を直撃したり、センター後方の寮のガラスを割ることなど日常茶飯事。週に2~3度、修理のための電話をかけ続けた。

加えて、水はけが悪い。雨が降ると、1日半はグラウンドが水浸しになってしまう。私の着任以前は「雨が降れば練習は休み」というのが常態化していたようだ。しかし、甲子園では雨が降っても試合がある。とくに春のセンバツでその傾向は強い。甲子園に限らず、地方大会でも、日程が詰まってくれば雨中であっても強行されることがある。練習でできないことは試合でもできない。だから大雨であろうが、練習はふだんどおりに実施する。その意味を込めて「長靴を買いなさい。2日間のうちに用意しなさい」と伝えた。

八代市は熊本県下第2位の人口を有する地方都市。とはいっても、およそ13万人。141人がスーパーマーケットやホームセンター、靴の専門店に、一斉に長靴を買いに走った。町から一気に長靴が消えてしまった。中には調達するのにかなり苦労した者もいたようで、隣町やその隣の町まで足を伸ばし、大変だったと、後に聞いた。

野放図に見えて部員たちは素直。2日目でほぼ全員の長靴が揃った。少しだけ安堵した。

後日、雨が降る中で練習を強行した。

「本当にやるんだもんなぁ」

はじめはあきれ顔で気乗りしないようだったが、すぐに慣れた。

「足が滑るから危ないな!!　でもバランスを取るにはいい練習だな」

ノリの良い部員たちを見て思った。

「甲子園もそんなに遠くないぞ!!」

松下幸之助・松下電器創業者の経営語録の中で、私が大好きな言葉がある。

「雨が降れば傘をさす」

経営の極意を、端的に表したシンプルかつ深い言葉だ。それとは到底比ぶべくもないが、

「雨が降れば長靴をはく」――私の野球語録に新たなことばが加わった。

# 一　夢を数値化する。

「監督にはついていけません」

当時、涙ながらに訴えたキャプテンからは、今でもことあるごとに連絡がある。甲子園出場の度に差し入れもしてくれた。

「あの時、もっと早く、監督の言うことを聞いて、素直にがんばっていれば、夏の甲子園に間に合ったのにな」

それが彼の口癖になった。

#「監督にはついていけません……」

3年で全国を制覇する。そう宣言して八代に乗り込んだ私だったが、監督となってわずか5日でその事件は起きた。当時主将を務めていた藤吉優《ふじよしまさる》(元・中日ドラゴンズ)が、絞り出すような涙声で、「この練習にはついていけない」と訴えた。当然かもしれない。練習は過酷をきわめた。時間はそれまでの4時間から2倍の8時間に、密度はそのまた2倍になり、のんべんだらりとした練習風景は一変した。5日目にして疲労のピーク。選手はため息もつけないほど疲れ果てていた。

加えて私は彼らの練習をつぶさに見て、大がかりなチームの組み替えを断行した。その一環として、私が直近の3月まで指揮してきた枚方ボーイズから入学したばかりの1年生2人を、主力メンバーに抜擢した。結果、メンバーから外れたり、ベンチから押し出される選手も出て、チーム内に不穏な空気が立ち込め始めた。

そんな彼らの爆発寸前の不満を封じ込めたのが、「ベースボールスポーツテスト」だった。これは、身体の前後・左右の筋力バランスや、スイングスピードなど、20以上の項目を測定し、レーダーチャートや一覧表で表し、項目別の目標値を示したものだ。全国的な順位も、学校別、種目別、個人で把握することができる。私はこのテストを4月、8月、12月と4

カ月に1度、年3回行うことにした。25年前、パナソニックの監督時代に採り入れた「筋力測定」がその時お世話になったスポーツメーカーによって「ベースボールスポーツテスト」として大きな進化を遂げていることを知り、導入したものだ。

当初部員たちは、このテストに対しても懐疑的で、指示を無視したり、奇声を上げたりする者まで出る始末。ところが、結果が戻ってくるや、少なくとも私の方針に表向きは異を唱えることがなくなった。1、2番に新たに起用した選手が30㍍ダッシュで全国150校以上数千人の中、7、8番目に入り、抜擢した1年生メンバーについても、圧倒的に高い身体能力を持つことが誰の目にも明らかになったからだ。何より141人の部員、一人ひとりの目標がレーダーチャートによって明確になったことが大きい。導入して測定3回目の12月には、平均値で全国のトップグループに躍り出た。

「監督についていけば、もしかしたら本当に日本一を狙えるかもしれない」

夢の数値化は、確かに部員たちのモチベーションを高める術《すべ》になった。

一人では何もできない。
だけど、
一人が始めないと、
何も変わらない。

「いいかみんな。この野球部には、自分が非難されるからとか、犠牲になるのが嫌だから誰かが動くのを待っているような、卑怯な人間はいらない。正しいと思えば、顔晴《がんば》って自ら先頭に立って変化を求めなさい。君には周りがびっくりするような新しい付加価値を生み出す力があるんだよ」

これまで自らが体験したことのない、おかしな現状は受け入れられないと、沈黙を守る選手たちに、続けてこう話した。

「待っている人たちにも何かが起こるかもしれない。でもそれは顔晴った人たちの残り物でしかない。アメリカ大統領だったリンカーンもそう言っているんだよ」

※「顔晴る」については１５４ページを参照

スポーツテストの導入をはじめ、あらゆる面での数値化、「見える化」などの施策が功を奏して、徐々に部員たちは私の考えを受け入れるようになってきた。

時に立ち往生しつつも、選手たちと会話を交わしながら正面から向き合う毎日。着任からおよそ1カ月後の2014（平成26）年5月6日、放送局主催のRKK旗争奪選抜県大会決勝で、甲子園常連校の熊本工業を破り、7年ぶりに優勝、ようやく夢の第一歩を踏み出した。

これを機に、私はさらに野球部内の意識改革を図ることにした。

まずは、「行動は、学校行事・校則がすべてに優先する」との原則に加えて、CSR（企業の社会的責任）で用いられるステークスホルダー・エンゲージメントに近い内容を加えた「行動基準」を策定。スローガンを「練習は日常生活にあり」とし、モットーは「自主・自立・自治」、併せて「6S」（整理・整頓・清掃・清潔・躾・スマイル）の実践などを掲げた。さらに、総仕上げとして、部員自らに「行動基準 細則」を作るように持ちかけた。やがて、登下校時に始まり、寮生活、遠征時、グラウンド内などにおける注意事項、風紀・倫理規定にいたる60カ条に上るきめ細かい内容が、彼らの手によって完成した。

当初、部員たちは適当に話し合って、通り一遍のものですまそうとした。私は彼らから上がってくる提案に対して、徹底してNOを繰り返した。そしてこう言った。

「一人では何もできない。だけど、一人が始めなければ何も変わらない。キミたちが、その一人になってほしい。いつまでも後輩たちに引き継がれる、画期的な行動基準細則を作ってほしい」

4時間のミーティングが連続3日。逡巡しながらも、彼らの姿勢は、徐々に前向きに、最適解を求めるようになってきた。私は基本的に彼らの主体性に任せながら、時に応じて助言をするだけだった。

「キミたち、明治大学は知ってるな。闘将星野仙一さんの母校だ。明治は、星野さんが現役の頃から、トイレ掃除を最上級生が担当することになっていたんだ。同じく明大を出て、社会人野球で唯一、都市対抗、日本選手権、スポニチ大会の3大大会で首位打者を獲得した宮澤健太郎という選手は、ここぞの場面で必ずタイムリーを打つスゴイ選手。素晴らしいチームリーダーだったな……。彼は、新日本石油(現・JX-ENEOS)野球部時代、キャプテンとして率先してグラウンド脇の、一般の方も使用するトイレを毎日掃除し続けたんだ。嫌なことは中心選手が率先して行う。だから新日本石油は社会人野球最強のチームになったんだ」

こんな話をすると、部員たちは何か思うところがあったようだ。やがてできあがった細則は、これまで連綿として引き継がれてきた理不尽な「伝統」が一掃されていた。1年生が主に行ってきた練習準備、後片付け、清掃などを最上級生が担うこととなった。そして、練習後には、野球部以外の生徒たちも使うサブグラウンド横のトイレを、キャプテンが深夜ブラシで磨き上げるようになった。

第99回夏の甲子園初戦の横浜戦。一回裏秀岳館1死一塁、キャプテン・廣部《ひろべ》就平《しゅうへい》が左中間適時二塁打を放つ(2017年8月11日)。彼も率先して6Sを実践した。
© 毎日新聞社

# 一　ほほえみ返し。

「大阪に帰れ！」

スタンドからのヤジは、監督の私にだけでなく、時として選手に対しても浴びせられることがあった。そんな時、その選手にいつも伝えたことばがあった。

「ほほえみ返ししなさい。何を色めき立っているんだ。あのファンは相手チームのことを大好きなんだと思うぞ。秀岳館ファンにキミの手で変えてみろよ。ヤジにも笑顔でお返ししろ」

「みんないいか。ヒットを打った後、守備についたら、近くの審判にも、今のヒットどうでしたか、と笑顔で話しかけろ。きっと叱られる。でも、そのうち笑顔が返ってくる。熊本県中の人を笑顔で埋め尽くせ」

私と秀岳館高校とのご縁は、2001（平成13）年にさかのぼる。同校が八代第一高校から秀岳館へと校名変更した年だった。夏の甲子園に初出場し、その時の解説を担当した。1回戦は不戦勝、迎えた初戦2回戦、相手はその年の春のセンバツで優勝の常総学院。しかも夏の1回戦では大阪代表の上宮太子を15対4の大差で降し、優勝候補の最有力だった。初出場の秀岳館の勝ち目は乏しい、多くがそう思い込んでいた試合だった。

私は「（常総側に）くみ易しとの心の隙があれば、そこに秀岳館の勝機が見えてくる。慣れは往々にして隙を生むということばがある。この試合は分かりませんよ」と解説した。そして、終わってみればなんと3対0の完封。初陣秀岳館の堂々たる勝利だった。

当時「スポーツニッポン」に「甲子園の詩《うた》」を連載していた阿久悠さんが、秀岳館をたたえる文章を書いた。阿久さんは「甲子園の詩」で敗者をたたえることが多い。私が勝者を取り上げた内容を見たのは初めてだった。この解説がきっかけで、翌年から私が監督をしていた枚方ボーイズの選手が継続してお世話になることとなった。以降、長きにわたる信頼関係が築かれていった。

県大会での敗退が続き、秀岳館は甲子園から10年以上遠ざかる状態が続いていた。学校からは「指導者を育成してほしい」……それが「後任監督を紹介していただけないだろうか」という非公式な打診になっていた。

40年勤めたパナソニックを辞することに決めた時、私のネクストステージは、高校野球の監督、それも無名校、または長く甲子園から遠ざかっている学校で、選手とともにはるか先の甲子園を目指したい、これぞ男のロマン！ というものだった。双方の思いがあいまって、話はとんとん拍子に進んだが、就任以来、激しいバッシングを浴びせられることが多かった。

秀岳館野球部のベンチ入りメンバーのほとんどが他府県出身者で占められていたことが理由の一つ。とくに主力メンバーに枚方ボーイズ出身が多かったことが、批判の的となった。実際には、枚方ボーイズの選手も、父母が熊本の出身だったり、九州に縁のある選手がほとんどだったが、言い訳がましい説明は一切しなかった。

自分が大阪に帰れと罵声を浴びることには我慢できたが、選手がそう批判されるのは忍びなかった。自分の説明不足、力不足を痛感していた。選手たちは「覚悟を決めて来て、熊本が第二のふるさとと思っているのに、どうして自分たちがこんな目に」と涙を流し、唇を噛みしめることも度々。ヤジられた選手たちの中には、観客席をにらみつける者も出る始末。そんな時、私が選手に話したのがこんなことばだ。

「ほほえみ返ししなさい。何を色めき立っているんだ。あのファンは相手チームが大好きなんだと思うぞ。キミの手で秀岳館ファンに変えてみろよ。ヤジにも笑顔でお返ししろ」

「みんないいか。ヒットを打った後、守備についたら、近くの審判にも、今のヒットどうでしたか、と笑顔で話しかけろ。きっと叱られる。でも、そのうち笑顔が返ってくる。熊本県中を笑顔で埋め尽くせ」

やがて、私たちを取り巻く環境と雰囲気は徐々に、そして確実に温かなものへと変わっていく。それは監督就任から2年目以降、熊本県初の甲子園4季連続出場、3季連続ベスト4という実績を上げたから!? いやけっしてそうではない。笑顔が笑顔を呼び、周囲の人々の気持ちを解かしていったのではないかと思う。

第88回春のセンバツ。1回戦の花咲徳栄との試合に勝利して、九鬼主将以下、アルプススタンドへ笑顔でダッシュ（写真は大友良行氏提供）。

# 衣食足りて礼節を知る。

長く甲子園から遠ざかっていた野球部員たち。私が甲子園で解説した時に感じたその爽やかさは微塵もなかった。服装を正し、食トレ、米トレを徹底。彼らはやがて礼儀正しい、かつて知る爽やかな秀岳館野球部の姿を取り戻した。

秀岳館野球部監督に就任して、私が頭を痛めたことの一つに「食事」がある。部員の多くは寮生活を送っているが、全国の多くの寮食同様、課題があった。毎日3食出され、ご飯も食べ放題でおいしいが、副食に揚げ物が多く、疲れがたまると食が進まないのが常だった。食べなければ、身体づくりはできない。応急処置として、誰もが食堂に朝昼晩、何を持ち込んでもよいことにした。それまでは妙な取り決めがあって、上級生以外は副食の持ち込みが禁止されていた。食に学年差をつけるなど理不尽だと、無用なルールを撤廃した。

その後は「1日6食、米2000グラム」を目標に、名づけて食トレ・米トレ、身体づくりに励んだ。1日3食では2000グラムを食べ切れないので、6食に分けて食べる。朝食を摂り、寮生が始業前10台の炊飯器で炊いたご飯をにぎりめしにして、2時間目を終えた休み時間に摂る。これが2食目。昼食を摂り、17時から18時には、私と妻が住んでいたマンションの横にある惣菜屋さん特製ルーの大盛りカレーライスで補食を摂る。これが4食目。20時前に夕食を練習時間中に交代で摂る。就寝前に餅などを焼いたり、レンジで温めて食べて1日6食。毎日何グラム食べたのか、一覧表と各自の野球ノートに記録させ「見える化」した。筋トレ直後や、練習終了直前に、プロテインを摂取することも習慣化させた。甲子園優勝校の平均体重75キロ超えを目標に置いた。やがて、彼らの身体つきが急激にたくましくなっていくのが分かった。甲子園出場の際には、つねに全国1位から2位の平均体重を記録するところまで到達した。

もう一つが「衣」について。長年甲子園から遠ざかり、注目されなくなっていたせいか、服装の乱れが顕著だった。練習の時も、流行なのか何なのか、ダメージジーンズよろしく、わざとぼろぼろのユニフォームを着たり、Tシャツもバラバラ。足もとも、ストッキングをはいたりはかなかったり。初めて関東遠征した時は目を疑った。一般客もいる食堂に、短パン、ランニング姿、それも部屋用スリッパで来る選手が何人もいた。私が甲子園で解説した時に感じた秀岳館の爽やかさは、微塵もなかった。まずは練習時や遠征の際の服装を統一することにした。就任当初、選手たちは練習中、奇声を発したり、不規則発言を繰り返したり、といったことも頻繁にあったが、やがて徐々に礼儀正しい、かつて知る爽やかな秀岳館野球部の姿を取り戻した。やはり、「衣食足りて礼節を知る」は、時代を超える真理だ。

# 三歩進んで二歩下がる。

とその時、一人の選手が沈黙を破り、小さな声だったが、しっかりした口調で凡走した選手に向かい話し始めた。

「おまえは、やらないと思ったんじゃないのか？ あれは明らかなボール球、サインはストライクバントだったから、バントしないと思い、止まってしまったんじゃないか？」

「うん、そうなんだ……。でもバントしたんだから、止まる判断が早すぎた。三塁でアウトになったのは自分のミスです」

バントした選手が続く。「あそこは勝負どころ。自分もストライク・ボールの見極めがまずかった。やっちゃいけない球だった。すみません」

私が続けた。「キミたち、いい話だ。さすが熊本の選手。吸収（九州）力が違うね！」

とたんに笑いと拍手の渦が広がった。あの時、何かが変わった。

チーム革新の始まりだった。

「ランナーは、ファーストリードが小さくてもよいから、ボールがホームベース上を通過する瞬間は走りながら見ろと言っているだろう！　止まって見たから、次の一歩が遅れ、あのバントで三塁に進めなかったんだよ」

勝負どころのバントで、三封された。試合後のミーティングでは、腹立たしさを抑え、ランナーの基本、スタートからリードオフした時の体重のかけ方まで、何度も繰り返してきた説明を再徹底した。

とその時、一人の選手が沈黙を破り、小さな声だったが、しっかりした口調で凡走した選手に向かい話し始めた。

「おまえは、やらないと思ったんじゃないのか？　あれは明らかなボール球、サインはストライクバントだったから、バントしないと思い、止まってしまったんじゃないか？」

「うん、そうなんだ……。でもバントしたんだから、止まる判断が早すぎた。三塁でアウトになったのは自分のミスです」

バントした選手が続く。「あそこは勝負どころ。自分もストライク・ボールの見極めがまずかった。やっちゃいけない球だった。すみません」

私が続けた。「キミたち、いい話だ。さすが熊本の選手。吸収（九州）力が違うね！」とたんに笑いと拍手の渦が広がった。

監督1年目。チームが行き詰まった状況の中で、あの時選手たちに何かが起きた。他愛ない会話の中にも、新しい「対話の文化」「前向きな気づき」が生まれたのだ。秀岳館高校野球部、新たな一歩。チーム革新が始まる瞬間だった。

気づきは、能力ではなく、こころの姿勢だ。このチームに生まれつつある、何かを学ぼうとする前向きな姿勢は、まさしく組織が、たおやかに成長していく基軸となりうるものだと思う。これを情熱に昇華させ、加速度的に高めるのが、私の現時点での最大のミッションだと思った。

「3年で日本一」

ここは熊本。高らかに宣言して、勝手に一人で走り出した監督。それに迷惑そうに遅れてほふく前進、マイペースでついてきた選手。イライラしながら、時に立ち往生して考え直した。

自分が春のセンバツに出場した1969（昭和44）年の行進曲は、水前寺清子さんの「三百六十五歩のマーチ」だったな。「一日一歩、三日で三歩、三歩進んで二歩下がる」。

一方的に教えるだけでなく、選手の主体性を引き出す。それも必要だな。自主・自立・自治、あのミーティングの会話こそ、先走っていた私に選手が着実に一歩ずつ追いつき、追い越した瞬間だった。

第89回春のセンバツ。作新学院と秀岳館の試合(2017年3月27日)。第98回夏の甲子園の覇者に対し先発の田浦が好投、川端のリリーフで3対2で勝ち切った。二人は揃って2017年U18日本代表メンバーに選出。大活躍し、田浦は日本チーム唯一、世界ベスト9に。気づきは能力ではなく、こころの姿勢だ。©毎日新聞社

# 戦わずして、勝つ
# ～黄色いブランド戦略の効用～

新しく導入した鮮やかな黄色いストッキングは遠くからでも一目瞭然、「秀岳館だ!!」「足が速いな!!」。戦う前に相手に威圧感を与えたようだった。

秀岳館の監督になって、野球部のトータルイメージのコーディネートに乗り出した。具体策の一つに、黄色いストッキングの採用がある。私が就任する前のユニフォームは、全体がグレー。ストッキングは紺と、くすんだオレンジという渋いものだった。それを、青を基調とし、黄色が映えるユニフォームに変えた。男女合わせ270人ほどいるサッカー部が青と黄色のユニフォーム。それに合わせる意味合いもあった。パナソニック時代も、スポーツ3部はガンバ大阪に限りなく近いデザイン、色調に合わせてイメージ統一を図った。黄色いストッキングは、走るとめまぐるしく回転しているように見え、いかにも俊足に見える。対戦相手は、「秀岳館だ、足が速そうだ」と戦う前に威圧感を感じ、「戦わずして、勝つ」効果があった。甲子園の入場行進では、「黄色いストッキングが映える」と、さまざまなメディアに取り上げていただいた。他にも、帽子は、校章から校名の英字横書きに変えた。ブルゾンも黄色と青の鮮やかな色調に改めた。昨夏の甲子園では、ベンチに持ち込む野球バッグを同じく黄色と青のトートバッグに変えた。

甲子園では、次の試合開始までの時間が約25分と短い。ベンチを退出する際、間口の広いトートバッグなら、グラブからスパイクまで野球用具をすばやく投げ入れて肩に担いで持ち運ぶことができる。初戦、横浜戦のベンチは三塁側だった。退場する際、選手の多くが右肩にトートバッグを担いでバックネット前を歩くと、場内がざわめいた。インタビュー台に上る通路にはカメラが待ち構えている。引き続き選手は右肩にトートバッグを担いでいたようだ。これを一般紙が取り上げ、ネットで爆発的な話題となった。メーカーや学校に、「購入したいがどうしたらよいですか」との問い合わせが殺到したとのこと。とりわけ小中高生たちから「カッコいい」とかなりの人気になった。

トートバッグはそれを狙って採用したわけではない。私は多くのチームがリュックサックを使っているのを見て、どうにもカッコ悪いと感じていた。両手が使えて機能的かもしれないが、どう見ても野球にリュックサックは似合わない。何とか駆逐（!?）できないものかと考えていた。

そんな時、親しくお付き合いいただいている歌手の谷村新司さんが国立劇場の楽屋に、実に品のよい紺と黄色のトートバッグを置いているのを見て、これだ!! と確信。野球部に取り入れた。

第88回春のセンバツ（2016年3月28日）。木更津総合と秀岳館の試合で。結果は2対1で勝利した。九回裏秀岳館2死一、二塁、堀江航平の中越え二塁打でサヨナラのホームを踏み、拳を固める天本昂佑。黄色いストッキングが映えていた。© 毎日新聞社

## 上に立つより、役に立つ。

「みんな思いっきり泣いていい。でも胸を張れ！　キミたちは、ひまわりのように太陽に真正面から立ち向かって戦った。そのひまわりも、黄色い花びらの芯はキミたちと一緒で、灼熱の光を浴びて、まっ黒に焼け焦げている。その芯の中はな、次の世代へとつながる種でいっぱいなんだ。そしてその種は、後輩たちが確実に引き継ぐ！　キミたちは再び太陽に立ち向かえ！　ひまわりの向こうに、それぞれの甲子園がある」

# 2

014（平成26）年夏の熊本大会で、総力戦の末に東海大星翔に敗れた。さまざまな葛藤を経て、「無名校で選手たちと汗とほこりにまみれて甲子園の頂点を目指す。これぞ男のロマン！」。

理想の人間像を生きる確かな感触をつかんだかに見えた日常は、あっけなくフィナーレを迎えてしまった。そして話した。

「みんな思いっきり泣いていい。でも胸を張れ！　キミたちはひまわりのように太陽に真正面から立ち向かって戦った。そのひまわりも、黄色い花びらの芯はキミたちと一緒で、灼熱の光を浴びて、まっ黒に焼け焦げている。その芯の中はな、次の世代へとつながる種でいっぱいなんだ。そしてその種は、後輩たちが確実に引き継ぐ！　キミたちは再び太陽に立ち向かえ！　ひまわりの向こうに、それぞれの甲子園がある」

はっと気づいた。この戦い、「埃」にまみれるつもりが、自らが捨て去るべき「誇り」との戦いだったのでは……。とたんに、敗戦に泣き崩れる選手たちが限りなく愛おしく思えた。「上に立つより、役に立つ」。以来、ちっぽけな自尊心を投げ捨てて、選手とともに埃まみれになった。そこから右に行き、左に曲がる、つづら折りの野球道を歩んで1年あまり。……九州大会初優勝、翌春のセンバツにつながる本物の勝利がやってきた。

15年ぶりに夏の甲子園出場を決め、グラウンドで喜ぶ秀岳館の選手たち。本物の勝利がやってきた。熊本市の藤崎台県営野球場で(2016年 7月26日)。©毎日新聞社

人の生き方は
2種類しかない。
そこそこやるか、
そこまでやるか!!
だ。

「となると、第1クールは1月4日まで。実家には帰れないな。正月返上で宮崎合宿だ」

「ええ、そんな!! でも、しかたないか」

意外に素直な選手の反応を見て取って、続けて投げかけた。

「どうだ、やってみないか。ぼくたちはあの4カ月、確かに頑晴り通した。そう一生涯言える、誇れる時をここ秀岳館で築こうよ!!

人の生き方は2種類しかない。そこそこやるか、そこまでやるか!! だ」

言い終わったとたん、選手たちの目が輝きを増した。

2015（平成27）年秋、九州地区大会決勝で、長崎の海星高校に勝利して優勝。秀岳館は13年ぶり、春のセンバツ出場を確実にした。

明治神宮大会から帰った翌朝、選手を集めて話した。「今日からセンバツまで125日だ。君たちは一生の中で思い切り顔晴ってよい4カ月を得たんだ。どうだ、やってみないか。ぼくたちはあの4カ月間、確かに顔晴り通した。そう一生涯言える。誇れる時代を、ここ秀岳館で築こうよ!!　人の生き方は2種類しかない。そこそこやるか、そこまでやるか!!　だ。そこそこやる人にもそれなりの成果が訪れる。しかし日本一の栄冠は、そこまでやるかというところまで道を究めた人にしか訪れないものだよ!!」

言い終わったとたん、選手たちの目はギラギラと輝きを増した。

そこから春のセンバツ開幕までの125日間、選手たちは確かに「そこまでやるか」と周囲を驚愕させるほど徹底的に妥協のない毎日を送ることになった。

125日計画と名付けたそれは、実に過酷なものだった。

11月15日からの50日間を第1クール、スキルアップ期と定めた。その間、オープン戦や実戦形式の練習を中心に、実技を通してスキルアップを図った。併せて秋の全国地区大会や明治神宮大会に出場したチームの詳細な分析を行った。そのうち、年末12月28日から明けて1月4日までは、寮が閉鎖されるため、宮崎県で正月合宿を敢行。宿舎は青島水光苑ホテル。旧知の田場専務にお世話いただき、超安価。3食食べ放題と、体重増加の食トレも兼ねていた。初日の昼食は、ケータリングで木の花ドームまで届けていただいた。合宿参加選手40人に対して3倍の120人分。それでもまったく足りず、追加で弁当が届いた。前月同ホテルで強化合宿を行ったパナソニックのラグビー部よりも旺盛な食欲と、厨房がびっくり。翌日からは4倍の160人分を用意していただいた。夜のミーティングでは、センバツ出場が予想されるチームの分析とともに、全国ナンバーワンの右投手・左投手をそれぞれ東邦高校・藤嶋健人《ふじしまけんと》、花咲徳栄高校・高橋昂也《たかはしこうや》と特定し、都道府県大会、地区大会、明治神宮大会の映像を繰り返しチェックしながら、両投手の球種別のスピードやカウント別の球種から始まり、投球フォーム、けん制のクセ、バント守備、捕手のリードまで詳細にわたり分析、左右の主力打者についても同様の緻密な分析を行った。

第2クール、スケールアップ期は、1月5日から2月23日までの50日間。チームと個人の肉体改造、体重増加、筋力増強を図った。投手なら最大球速10キロアップ、打者はロングティーのポイントを100点アップ等々、具体的な数値目標を掲げた。ロングティーは、10分間で100球打つ。80メートル以上1点、90メートル以上3点、100メートル以上5点というポイント制。その合計ポイントを、100点上げるという意味だ。

最後の仕上げ、第3クール、センスアップ期。センバツ開幕前日までの25日間。出場主要チームの情報分析と、サインプレー・チームプレー、バントシフトなどをオープン戦と練習を通して磨き上げた。

第1クールで行った正月合宿については、寮生も多く、さすがに正月だけは我が子の帰省を心待ちにしている保護者の皆さんから苦情が出るかとも思ったが……意外や意外「帰省旅費もお年玉も用意しなくていいから助かる」と言われたのはうれしい驚きだった。それどころか、選手の母親が何人かペアを組み、汚れたユニフォームの洗濯に、正月返上で全日お越しいただいた。保護者のサポートも万全だった。宿泊ホテルも赤字覚悟の全面的な支援。三位一体の「そこまでやるか」。翌年も決行し、宮崎合宿は秀岳館野球部の新たな伝統となった。

人の生き方は2種類しかない。そこそこやるか、そこまでやるか!! だ。そこそこやる人にもそれなりの成果が訪れる。しかし、そこまでやるか、というところまでやり切った人には、より輝かしい栄光が待っている。私はそう思う。

そこそこやるか、そこまでやるか。「そこまでやるか」と周囲からそう言われるほど頑晴れば、必ず成果は出るものだ。岐阜商業高時代センバツ甲子園通算100号ホームランの瞬間。
©毎日新聞社

一

顔《がん》晴《ば》る。

たった一度だったが、彼が露骨に不満を表に出すことがあった。

「タッチが高い。キャッチャーミットを地面に付けろ。タッチを低く！」

すると九鬼《くき》隆平《りゅうへい》は、納得できない表情を浮かべた。

「グラウンドを出ろ‼」

私は即座に厳しいことばを言い放った。

## 亜

細亜大学のキャンプが、鹿児島県始良《あいら》市で行われると聞いて、秀岳館の選手たちを連れて見学に伺った。私は亜細亜大学が大学野球の中でいちばん厳しい妥協のない練習をされていると思う。

延々と繰り返される守備練習、キャッチャーのホームベース上のタッチを見て、「監督、分かりました。確かに（ミットの位置が）高かったです」。

九鬼隆平（現・福岡ソフトバンクホークス）は、頭を下げた。さすがだ。タッチが高いとグラウンドから退場させたのは5カ月も前、新チームがスタートした頃だった。それもたった一度、不満を顔に出しただけ。

その九鬼に大切な基本を知らしめる。そう思い連れてきた甲斐があった。九鬼はしっかり記憶していた。

もともと素直でまじめな彼らしい真摯な態度だった。この選手の心技体の成長には、目を見張るばかりだ。九鬼以外のメンバーも、日本を代表する東都大学の超名門チームのプレーを見て、腑に落ちることが多々あったようだ。大いに勉強になった。

その時、亜大監督・生田さんの許可を得て、ネット裏本部席に山積みとなっていた亜大選手たちの練習ノートを見せていただいた。

全員が最後に「顔晴《がんば》る」「明日も顔晴る」「一所懸命顔晴る」と書いていた。同じがんばるでも、「頑な」であるより、「顔晴れやか」である方がよい。これはよいことばだと感心した。秀岳館のメンバー全員も気に入って、「顔晴る」をキャッチフレーズのように使い始めた。九鬼隆平がキャプテンとして、率先垂範し、九州大会初優勝、春夏の甲子園連続ベスト4に勝ち進む直前、早春の出来事だった。

2016（平成28）年、秀岳館高校は、春夏甲子園通算成績でトップの年間最多勝利を記録した。

2016年３月28日、第88回春のセンバツ。秀岳館対木更津総合で的確なプレーをする九鬼。福岡ソフトバンクホークスで活躍する彼は、亜細亜大学の厳しい練習を目の当たりにし、大きく開花し、この年のU18日本代表メンバーに選出。４番を打ち、優勝に貢献した（写真は大友良行氏提供）。

2015年秋、勝てば春のセンバツ出場を確定的にする九州大会準決勝戦。公式戦初登板の川端は好リリーフ。大ピンチを凌いだ。その後順調に成長を重ね、2017年、U18日本代表メンバーに選出。カナダで開催されたワールドカップで大活躍した。©毎日新聞社

# 成功を、イメージする。

「そんなの無理！　絶対無理!!　できるわけない」

部屋の照明をすべて消し、丹田《たんでん》に気を落として、呼吸を深く長く整えて、最後のパフォーマンスが始まった。灯りを戻して、長町《ながまち》ゆかり先生が取り出したのは、割り箸と名刺。「いや絶対できる！　必ず成功する、と思えばそうなる」

そう言って、長町先生は、正対した選手が両指に挟んだ割り箸を次から次へと紙の名刺で真っ二つにした。一様に驚いた顔の選手たちの目が、燃え上がっていくのが分かった。二人一組でペアを組んで挑戦。３度４度繰り返すうちに、一人の例外なく、切り落とすことができるようになった。

信じられないと大騒ぎをする選手たち。「これはすごいチームができあがるぞ」。窓の外の夕焼け空が涙で曇った。

「3年で日本一を目指す!」、批判覚悟であえてそう宣言した。その言葉どおり、甲子園出場はスタートライン、一度も目標としたことはない。

最初の春のセンバツ出場を事実上決めた2015(平成27)年秋、選手の目が触れるありとあらゆる場所にこんなことを書いて張り出した。

「第88回選抜高校野球大会　秀岳館高校初優勝ありがとうございます!!」

成功体験をイメージさせる、ラベリング効果を狙ったものだ。

さらに、大阪で枚方ボーイズや私自身がお世話になった鍼灸院の丸山先生や、イメージトレーナーの長町ゆかり先生の助力を得て、イメトレを導入した。

「成功するには素直さや信じる力が大切。前向きなことばを何度も繰り返して!」という長町先生の講義に、選手たちは目を輝かせて聴き入っていた。さらに未来の成功体験について、具体的に書き記し、それを張り出すようにした。私も、春のセンバツ優勝の瞬間を思い描き、以下のような言葉を書いた。

「私は自分を信じ、夢と希望に溢れ、とても輝いています。

そして私は、2016年3月31日午後3時、頬を撫でる爽やかな春風の中、柔らかい日差しに包まれた甲子園のマウンドに集まって、指を1本高く空に突き上げている選手たちをベンチから見つめています。

みんな輝いている！　苦しかった練習を楽しみに変え、常に前向きに顔晴り通した彼らを誇りに思います。感無量、今にも泣き出しそうな山口コーチと握手、もう泣き出している佐藤マネジャーとも握手。

満杯のアルプススタンドも総立ちで、バンザイを叫んでいる。角勇人《かどゆうと》が走り回っています。13対2、完璧な勝利です。

67人でつかんだ秀岳館高校センバツ初優勝!!　有り難うございます。やった!!

そして今、私は、赤とんぼ舞う甲子園で、未だ熊本県高校野球界が、一度も手にしていない深紅の大優勝旗を手にする九鬼主将を、想い描いています。必ず成し遂げてみせる！

強い想いでいっぱいです。

私の誇りとする、私の教え子たちは凄い奴らです。きっとやり切る！

みんなおめでとう!!　そして　夏も　有り難う!!

秀岳館高校野球部監督　鍛治舎巧」

自分の発する声は、いちばん早く自分に聞こえる。肯定語を使い、何度も成功のイメージを自分に言い聞かせる。叶うという字は、口偏に十と書く。毎日口に出して10度唱えれば、夢は叶うものだ。選手にそう話した。

私が書いた「甲子園初優勝所感」は、選手一人ひとりの所感と併せて、彼らの練習ノートに張り付け、いつでも見られるようにした。

春のセンバツ優勝、熊本悲願の夏の甲子園初優勝は叶わなかった。しかし、「成功をイメージする」という取り組みが、これからの彼らの人生の中で役立ってくれると期待している。

成功体験は、まずはことばから始まる。未来を予感させる前向きなことばを常に発し、子どもたちに接していれば、おのずと子どもたちのやる気は育てられていく。ボーイズリーグ世界大会での優勝胴上げ。アメリカ・フレズノにて（写真は著者提供）。

# 失敗体験こそ、人生の宝物だ。

「がんばって成果が出れば、自信になる。がんばらなくて成果が出れば、有頂天になる。がんばらなくて成果が出なければ、悔いが残る。がんばって成果が出なくても、失敗した体験が残る。失敗体験は人生の宝物です。より大きな成功は、より多く失敗した者に訪れる。大いに失敗すればよい」

……秀岳館高校の監督になって2年目、春のセンバツ大会出場を決めた壮行会の壇上で、私は５００人の生徒、地域住民やメディアのみなさんの前でそう話した。「失敗は宝物」「失敗から学ぶ」――この思いは私自身の高校時代の体験に根ざしている。大学、社会人の時も、つねに刻みつけてきたことばだ。

世の中には3種類の人がいる。

失敗を繰り返す人。失敗しない人。失敗から学ぶ人。

失敗を繰り返す人には学習能力がない。失敗しない人はリスクを恐れ、チャレンジしないことが多いから、小さな成功体験しか得られない。失敗から学べる人こそ、組織にとっていちばん必要な人材だ。同時に本人にとっても、その体験はかけがえのない宝物になる。

春夏4度の全国制覇を果たしている、県立岐阜商業高校に私は進んだ。

2年生。夏の甲子園予選で、岐阜南高校（現・岐阜聖徳学園《しょうとく》）に苦杯をなめた。ノーアウト一塁の場面でバントのサインが出たが、慣れないバントに失敗。そして凡退。その後、一塁ランナーが盗塁に成功して、ワンアウト二塁。結果は同じ。私の失敗を帳消しにしてくれた、と胸をなで下ろした。試合は、その後、投手戦になり僅差で負けた。3年生の最後の夏が終わってしまった。

翌日の新聞を見て、大きなショックを受けた。囲み記事に「鍛治舎のバントが勝敗を分けた」と大きく書かれていた。通常、高校球児の失敗をその名を挙げて記事にすることなどまずあり得ない。しかし、よくよく考えれば、あの場面でバントを成功させていれば、試合の流れが一気に傾いて、甲子園を確かなものにできていたかもしれない。これからはバントのサインを出されない、確率の高いパワーヒッターになろうと心に決めた。

早稲田に進んでからも、その新聞の切り抜きを持ち歩いた。そのことが高3、春のセンバツ通算甲子園100号ホームランに続き、東京六大学通算800号ホームランという記録につながった。たった一回のバント失敗。予想もしなかった翌日の論評。屈辱と羞恥心で身じろぎもできず過ごした日々。胸の内ポケットに忍ばせた記事の切り抜き……。そして今、失敗に打ちひしがれる人にかけることばがある。

「おめでとう‼ この失敗は大きなチャンスだぞ。より大きな成功は、より多く失敗した人に訪れるものだよ。この体験は君の人生の宝物だ」

男のガードマン

1969年4月2日岐阜商業のエースとしてマウンドに立つ。たとえ失敗したとしても、その失敗を次のチャンスに変えようと考えて生きてきた（写真は著者提供）。

視点は高く、
視野は広く、
視座は深く。

「視点とは、目線が注がれる位置と考え方の起点をいうんだ。視野とは目で見ることのできる範囲だ。視座とは、ものごとを認識する自らのありようをいう。チーム・組織がすべての面でスパイラルな成長を図るためには、全方位360度、すべてに気配り、目配り、こころ配りする必要がある。野球のグラウンドは90度、その3倍の270度が地域、学校、家庭。これがバックグラウンドだ。キミたちは、90度のグラウンドでは100点満点だ。あとは3方向270度のバックグラウンドから高レベルな支援を得ることができれば、日本一は達成できる。全方位に高い視点、広い視野、深い視座を持って、継続的な成長を目指せ」

コーチと主要な選手リーダーにつねづねこう言ってきた。同じベクトルで思いを共有できたのは、やはりある程度実績を伴った時以降になった。

# 秀

岳館の監督就任会見、私の「日本一」発言はかえって反発を呼んでしまった。「薩摩の芋づる、肥後の引き倒し」という鹿児島、熊本の県民性を比較する古くからのことばがあるが、実際に熊本では「出る杭は出る前に打たれる」ことになってしまった。剣豪宮本武蔵の著した五輪書に「観見二眼」ということばが出てくる。心の目で見る「観の目」、目で見る「見の目」……目に見えるものだけに頼らず、心の目で本質を捉える。私が地域のことをよく知らずに、自分の理想ばかりを語ったのは、観の目配りが足りなかったのだと思う。

チームのことだけを見ていても強くはならない。家庭や地域、そして学校からのしっかりしたサポートを受けられなければ、チームの成長、まして日本一にはなれない。90度のグラウンドのほかに、その3倍、270度の家庭、地域、学校に対して、視点を高く、視野を広く、視座を深く、目配り、気配り、こころ配りをすることで、高いレベルの支援体制を確立する。それで初めて野球に集中できるのだと思い至った。

その後、甲子園4季連続出場、3季連続ベスト4という熊本県高校野球史上初の実績を上げたこともあって地域のみなさんからは、こころからの支援をいただけるようになった。差し入れやお米の寄付等も急増した。どこに行っても、明るく挨拶が交わされる。熊本工業や済々黌《せいせいこう》の牙城（!?）である熊本市に行っても、サインを頼まれたり、一緒に写真を撮ったり、赤ちゃんを抱いてくださいと言われることも度々。ありがたいことだ。家庭のサポートは言わずもがな。日々の練習や試合はもちろん、遠征の時には同行し、選手たちの洗濯物やさまざまな日常のお手伝いを買って出ていただいた。学校にもできる限りのことをしていただいたと思っている。

振り返れば、2016（平成28）年春のセンバツでベスト4に終わり八代に戻った時、地域のみなさんから「よくやった、がんばった」と大歓迎されたが、私は多少の違和感を覚えた。その年夏の甲子園でもベスト4となり、同じようにみなさんから「よくやった」とお褒めのことばをいただいた。そして3度目のベスト4。今度は「惜しかったね。次こそ優勝だね」と言われ、「ああ、本当に地元の人たちと、こころが一つになった」と感じた。結果的に3年で日本一にはなれなかったが、3年経って、ようやく地域のみなさんと秀岳館野球部とが深い視座において、一つになることができた。同じベクトルで思いを共有できた。そのことが本当にうれしかった。

# 練習は、日常生活にあり。

「1日は24時間。練習は8時間。その2倍ある残り16時間をどう過ごすか、今日の試合はその過ごし方の差で、負けたとは思わないか⁉」

2016（平成28）年春のセンバツ準決勝で伝統校、高松商業に延長の末敗れたあとのミーティングで、私は選手にそう投げかけた。

データではエラーも多いのに、球際《たまぎわ》に強い……。この日の高松商業の試合前ノックで、私は久々に相手が上だと感じ、これは苦戦するぞと覚悟した。

「キミたちは毎日8時間の練習。その内容は日本一だと思う。この試合も本当によくやった。2点のビハインドを追いつき、延長にまで持ち込んだ。立派だった。しかし、勝負どころでミスが出たね。それは残り16時間の過ごし方に原因があると思うんだ。授業態度、家族への感謝、友との語らい、真摯な生活態度があってこその野球だ。強いチームの前に、よいチームを目指そう‼　それが日本一への道だと思う。日常が大事だ」

そう締めくくった。

2015（平成27）年秋の地方大会を制して、就任から1年半、ついに秀岳館は2016（平成28）年春のセンバツに出場した。甲子園でも、1回戦花咲徳栄（埼玉県）、2回戦南陽工業（山口県）、準々決勝木更津総合（千葉県）との試合を勝ち上がり、高松商業（香川県）との準決勝に駒を進めることになった。

高松商業は、それまでの3試合で29得点15失点、秀岳館は24得点6失点と、この数字だけ見れば失点の少ない私たちの方が互角以上と見て取れる。それまでの高松商業の戦いぶりなら、7～8点は取れるのではないか……そんな気のゆるみが心配だった。私は選手たちに「くみ易しと思っちゃだめだ。相手は明治神宮大会と四国大会の優勝校だぞ」と声をかけ、彼らの気を引き締めた。試合は六回表までに0対2と、2点ビハインド。しかしそこで簡単に終わらないのが、我らが打線。六回裏ツーアウトから2点をもぎ取って同点とした後、そのまま延長戦へ。しかし十一回に2点を追加され、ゲームセット。日本一への挑戦は、ベスト4という結果に終わった。

この接戦に敗れた私は、敗因を分析する中で、「練習は日常生活にあり」という思いをさらに強くした。

練習にメリハリをつけることと疲労回復・気分転換も考慮に入れ、毎週月曜日は、ノースローでボールを使わない練習。さらに水曜日は完全休養日ですべての練習禁止。しかし他の平日は、体育の授業の一環含め午後2時から午後10時まで8時間という長い時間を練習に充ててきた。私もつねにその練習を最後まで見守ってきた。どこよりも、厳しい練習に取り組んできたという自負がある。他チームの夏季大会前の追い込み練習を一年中やってきた。おそらく日本でいちばん充実した練習ができていると思う。独りよがりかもしれないが、そう思う。しかし、練習時間の数倍ある日常生活を有意義に過ごしていただろうか。日本一を目指すチームは、練習以外の時間を、一時たりともおろそかにしないはずだ。主戦場となる練習をより充実したものとするため、その他の日常生活をストイックに過ごしていくことが、トップを目指す組織には必要なのだと思う。あの試合以来、それまで以上に、「練習は日常生活にあり」と、部員たちに話すようになった。

少々余談だが、準決勝で敗れた私たちが、甲子園を後にして、九州新幹線八代駅に到着した時のこと。階段を下りていくと、おびただしい数のテレビカメラの放列が敷かれ、たくさんの地元の人たちの姿がいきなり目に飛び込んできた。慌てて部員たちに向かって、「おいみんな、制服の第一ボタンをきちんと留めろ。シャキッとしろ」と指示した。それと呼応するように、「よくやった！」の声また声、そして拍手の嵐。「大阪第二代表」と揶《や》揄《ゆ》され、「大阪へ帰れ」と罵倒された日がまるで嘘のような歓迎ぶりに、やっと地元のみなさんとこころが繋がった。努力は必ず報われる、と、胸が熱くなった。

勝つことにだけに集中する野球部は、地域のみなさんにとっても学校にとっても要らない。地元密着、地元のみなさんから理解され支援いただけるよう努力する。日常の積み重ねが大事だ。

就任後、初の甲子園となった春のセンバツで川端投手を見守る（2016年3月16日）。周囲のバッシングを気にせず、日常生活をただひたすらストイックに過ごし、やがて選手たちは笑顔が増えるようになった。©毎日新聞社

# 一　利他のこころを育む。

「お父さん、ここは危ない。早く避難しよう」

地鳴りを伴って突然襲ってきた強い地震。

「秀岳館アリーナの受付に言えば、まだ受け入れてくれるわよ。すぐに移動した方がいい」

通路に飛び出した両隣の家族に、妻は気丈にそうすすめた。市内の避難施設はもう満杯だ。秀岳館アリーナに行けば迷惑がかかる。

私たち夫婦は、野球部サブグラウンドの車の中で一夜を明かした。一晩かけて、一緒に熊本に残るという妻を説得。激しい地震に襲われた熊本空港（熊本県益城町）に至る道路は不通。朝になって開通した九州自動車道から鹿児島空港経由で大阪に戻した。

その日から部員たちが戻って来るまでのグラウンド整備が、私の日課になった。生きて再び野球ができるようになるまで、負けんばい熊本!!

# 春

のセンバツ準決勝敗退から2週間ほど経った2016（平成28）年4月14日、熊本県は大地震に見舞われた。熊本地震……震度7が2回、6強が2回、6弱が3回、数え切れない揺れが私たちを襲った。さらに4月19日八代を震源とする直下型の強い地震が立て続けに発生した。市民のみなさんは建物や電信柱が倒れてこないスーパーや銀行の広い駐車場に車を止め、その中で眠れぬ夜を過ごした。市内数カ所ある避難所はすでにいっぱいだった。私の住むマンション1階も危険とのことで、避難勧告が出て、妻と野球部のサブグラウンドに車を止め、一夜を明かした。

秀岳館野球部では、自宅が家屋損壊などのために帰れず寮に残る部員以外、学校の指示により全員実家に帰り、自宅待機。当然のごとく練習は中止。その日からネット裏野球部本部室の神棚の水や榊の取り替え、部員たちが戻って来るまでのグラウンド整備が、私の日課になった。何があってもこの場所を死守する、生きて再び野球ができるようになるまで、負けんばい熊本!!　そんな思いで毎日を送った。

そして5月8日、練習再開。集まった選手たちは半数にも満たない数だった。翌々日には、過去138回一度も途切れたことのない九州大会が、3週間遅れで始まる。帰って来られなかったレギュラーメンバーの登録変更も無事に終えた。連覇を期待された秀岳館だったが、あっけなく1回戦でサヨナラ負け……。ではあったが、一時は開催を危ぶまれた大会が実施できたこと、大きく湾曲した高速道路を3倍の時間を掛けて開催地長崎までたどり着けたこと、大地震を経てなお野球ができたこと、すべてが多くの人の支えによってなし得たものだとの感謝の気持ちと、九州大会参加が途切れなかった責任を果たし、安堵の念でいっぱいだった。

ヒトへの進化は、類人猿から長い年月を経て起こったのではなく、突然生じたといわれている。そして、その変化は、「私」が「私たち」を発見したからだという説がある。「私」という個から、「私たち」という集団、組織となって、プランやゴールを無言のうちに共有し、やがて人類の遺伝子に「協力」という名の「利他性」が組み込まれ、より大きな集団、社会を形成した……。これはすごいことだと思う。

当初、主力メンバーのほとんどが県外の選手だったことなどから、批判を集めた秀岳館野球部だが、その後、徐々に誤解は解けていった。それは、私たちが、「自分たちだけ強ければいい」などとはまったく思っていないことが知られてきたからだと思う。そして「自分たちが強くなることによって、熊本県全体の高校野球を活性化しようとしている」ことが理解されてきたからだとも思う。

その一つのきっかけとなったのが、熊本県内で行われた中学・高校連携の指導者研修会。私が講師を務めたこの研修会で、パワーポイントで作った資料を示して、秀岳館野球部で行っている練習内容や、行動規範、データ収集・分析方法など、あらゆる取り組みについて余すところなく披露した。

参加者は「どうして本来秘密にしておくべきノウハウを明かしてしまうのか」と不思議がった。

私は「別段秘密ではありません。熊本全体のレベルがもっと高くならなければ、熊本県は甲子園で勝ち抜けません。自分たちの戦略戦術をお話しすることで、切磋琢磨して互いが強くなれるのなら、いくらでもお話しします」と申し上げた。

熊本県全体のレベルを高めて、引いては自分たちももっとレベルアップする。こうした最澄の言う「利他のこころを育む」ことで、初めて熊本県から悲願の夏の甲子園の優勝校が誕生する。それは、熊本にとどまらず、日本全体の高校野球を、また野球界全体を照らすことにつながっていくとも思う。

自利とは他利をいう。人が幸せになることの実践が、そのまま自分の幸せなんだ。私は、それが最澄の教えだと解釈している。「利他を実践すればいつかは自分の利益になる」ということとは少し違う。同じく最澄の「一隅を照らす」。自分自身が置かれたその場所で、精いっぱい努力し、世のため人のために貢献して、明るく光り輝くことのできる人。その人こそ、何ものにも代え難い国の宝だということばが大好きだ。自他ともに高め合うこころを育むことこそ、人として範とすべき生き方だと思う。

# 四面楚歌の先に
# 僥倖《ぎょうこう》あり。

「この試合は、野球人生を左右する試合になるぞ。キミたちは必ず春、ベスト４どまりだった甲子園に乗り込むことになる。周りを見てみろ！すごいことになっている。敵だらけだ。我々は荒れくるう大海原に浮かぶ小舟のようだな。今にも沈みそうだ。でも、大丈夫。志を高く掲げて立ち向かえ‼　こころの帆を前に向けるんだ。そうすれば、キミたちにできないことなど何もない。負けるはずがない。心配するな。まだ八回だ。あと二回ある。落ち着いて打線をつなげろ。試合は逃げる方が苦しい。我々は追い上げるだけ。思い切って行け」

選手たちはひるむことなく立ち向かった。

2016（平成28）年夏の全国高校野球選手権熊本大会では、1回戦シードで不戦。2回戦、3回戦をコールド勝ち。準々決勝の熊本工業戦では大苦戦した。

選手たちは日頃の練習の成果を存分に発揮した。完全アウェイの異様な雰囲気の中、同点に持ち込み、延長十回1死満塁。最速151キロエース山口翔《やまぐちしょう》（2017年に広島カープドラフト2位指名）から押し出しデッドボールを、松尾大河《まつおたいが》（現・横浜DeNAベイスターズ）が奪い、準決勝へと駒を進めた。

翌日の地元新聞の読者投稿欄に、もともとアンチ秀岳館だったという女性の「甲子園を目指す姿勢は同じだ」という一文が載った。昨日の場内の雰囲気がとても異様だったと記し、こんな中で試合をしている秀岳館の選手たちはどう思うのだろうか、と、疑問を呈していた。どの学校を応援するかは自由だが、この日自分はとても考えさせられた、とも。四面楚歌だと思っていたが、分かっていただける方がいた。新聞を読みながら、自然と涙が溢れた。

その後同様の記事が目立つようになり、秀岳館に対する口撃は徐々に終息していった。

苦しい時には、周りがすべて敵に見える。しかし、地道に、着実に、なすべきことを行えば、必ず理解者、そして支援者が現れる。四面楚歌の先に僥倖あり!!

秀岳館は準決勝、決勝戦を勝ち上がり、２０１６（平成28）年夏の甲子園に出場を決めた。春に続いて連続出場。地域のみなさんの確かな声援を受け、再び甲子園の土を踏みしめた。

松尾大河は2016年春夏甲子園でホームランを打った。U18メンバーに選出され、日本チームでは主に1番バッターとして貢献。アジア首位打者となった（写真は第88回春のセンバツ1回戦、南陽工との試合。ホームランを打った瞬間。大友良行氏提供）。

2016年夏、熊本地震を経て秀岳館野球部は夏の甲子園開会式で入場行進をすることができた。地道に、着実に、なすべきことを行えば、必ず理解者、そして支援者は現れる(写真は大友良行氏提供)。

戦略とは
相手の常識の
盲点を突くこと。

「ピッチャー有村!!」

相手のアルプス席から、ここぞとばかりに鳴り響く応援が一瞬途絶えた。次の瞬間、満員の甲子園内外野スタンドから、大きなどよめきが巻き起こった。

「私にはできません。勉強になりますね」

「この場面でのピッチャーの交代は普通、あり得ません」

テレビ・ラジオの解説を担当した名将たちが、異口同音に語った。

２０１６（平成28）年夏の甲子園準々決勝。最終回。２死満塁、次打者７番の場面。後にそれは、秀岳館独自の「攻めの継投」と呼ばれる始まりとなった。

私は、絶対エースの先発・完投・連投という高校野球の常道的な投手起用方法に、一石を投じたいと思っていた。大会を通じて、700球、800球投げたことを美談にしてはいけない。高校を卒業した後も、彼らの多くには豊かな野球人生が広がっている。完投・連投で肩を酷使すれば、重大な故障につながる危険が伴う。近年、投手のメディカルチェックが厳密になり、またタイブレーク制も、明治神宮大会や国体などですでに実施。2018（平成30）年春のセンバツから延長十三回以降のタイブレーク導入も決まっている。試合時間の短縮につながる制度導入は、選手の疲労回復に大きな効果があるだろう。もう一段進めて、私はWBCで行われているような、投球制限やイニング制限を春夏の甲子園で導入すべきと考えている。まずは隗より始めよ。甲子園出場校が率先して継投策を実施し、勝ち上がっていけば、後に続く指導者が出る。そう考える。

攻めの継投策を「やり切れる」と実感したのは、前秋の九州大会、準決勝の日南学園戦。四回1死二、三塁のピンチで、公式戦初登板の1年生川端健斗《かわばたけんと》を投入。川端は見事にピンチを切り抜けた。我が校は、翌春のセンバツ出場をほぼ手中にした。

（試合後、川端に）「よくやった。どんな気持ちで投げた⁉」

「楽しんで投げました」

「そういえばあの時、マウンドに駆け寄った九鬼とどんな話をしたんだ？」

彼はこう答えた。「九鬼さんから『このピンチはお前が作ったわけじゃない。『気にせず思い切って、ミットめがけて投げてこいよ』と言われたんです。その一言で、気が楽になって、自分のピッチングができました」

この時私は、自分が理想とする「攻めの継投」ができると確信した。

ただよいピッチャーが揃っただけで、継投策がスムーズに行くわけではない。次々と登板するピッチャーの特徴を、キャッチャーが捉えて、的確なリードを行うことができなければ、投手力を最大限に生かすことはできない。秀岳館は、4人の140キロを超すピッチャーに加え、キャッチャー九鬼が急速に成長、ハイレベルなバッテリーが育っていた。これにより、どんな場面でも監督が躊躇《ちゅうちょ》なく投手交代を決断できるチームへと進化を遂げていった。

2016（平成28）年夏の甲子園準々決勝、最終回。1死満塁、一打逆転の大ピンチを、キャッチャーフライに打ち取った中井。次打者7番はそこまで3三振だった。ゲーム終了に向けて流れが決まったかに見えた2死満塁の局面で、中井の球が一つ浮いた、ピッチャー交代。中井は4イニング目に入って、疲れの兆しが見て取れた。あのキャッチャーフライはバッターの打ち損じと見えた。だから交代。はたから見ると刺激的だったようで、「私にはできません。勉強になりますね」。「この場面でのピッチャーの交代は普通はあり得ません」。テレビ・ラジオの解説を担当した名将たちが、異口同音に語った。試合後のインタビューでも何度も聞かれた。

「もともとつなぐことは決めていました。そのタイミングは、流れがいったん落ち着いたところ、と考えてもいました。1死満塁からのキャッチャーフライで、相手の勢いがいったんそがれた瞬間、目線があったエース有村にその後を託した。それがたまたま2死満塁の局面だっただけです」。なんともカッコよく聞こえる。長打を浴びたら延長、最悪なら敗戦も覚悟していたことは言わなかった。

そして2017（平成29）年夏。4季連続甲子園出場を果たし、迎えた初戦は強豪横浜。いきなり優勝候補同士、1回戦屈指の好カードといわれた。チケットは完売、4万7000人の超満員。一回表、先頭竹輪《たけわ》が2球目をライト線三塁打。2番半情《はんじょう》初球レフト犠飛。3球で1点。3番木本がセンター前。続く4番廣部が左中間フェンス直撃の三塁打。6球で2点目。5番田浦、3球目をセンター前。9球で3点目が入った。いきなり3点先行して流れは秀岳館。その後、1点返されたが、先発川端は140キロ中盤のボールを連発して好投。六回を終えて神奈川県大会タイ記録14本塁打の横浜打線を2安打に封じ込めていた。そして迎えた七回、2死二、三塁。相手平田監督は8番幸地《こうち》を敬遠。2死満塁にして、打順は9番絶好調の川端。ここで横浜のエース・左の板川が登板した。私は躊躇なく代打橋口（2年）を送り込んだ。追い込まれた後、ライトに2点タイムリー。一気に6対1とリードを広げた。最終6対4で勝利した。

試合後、「なぜ好調川端に代えて代打を出したのですか？」と問われた。「リリーフエース田浦がいますから」と答えた。また相手の平田監督は、「あそこで代打が出るとは思いもしなかった」とコメントされたようだ。

戦略とは相手の常識の盲点を突くこと。ゲームの中で常識にない光景に出合った時、相手は恐れを感じ、萎縮するか、大きく落ち込むものだ。乗せてはいけない相手と戦う時には、茫然自失して声も出ないような盲点を突くことだ。難しく考える必要はない。小さな勇気を出せばよい。それで一気に流れが決まり、ゲームの主導権が奪える。

そうはいっても、例に挙げた二つのケースは、ともに失敗すれば大批判を浴びる。同時に選手をどん底に突き落とす大きなリスクを伴う賭けだった。ベンチで笑みを浮かべ、楽しんでいるように見えると言われたが、実のところ少々肝を冷やしていた。

2016年3月28日、第88回春のセンバツ。秀岳館対木更津総合で勝利し、応援席へ駆け出す選手たち（写真は大友良行氏提供）。

――退路を断って、
希望の灯をともせ。

「キミには社会人野球も大学野球もない。プロ野球一本に絞って歩みなさい。後のことはドラフトの後に考えよう。退路を断って、希望の灯をともせ」

早春のある日、「できれば社会人も……」と少し安全な道を考えていた田浦の退路を断ってしまった。その責任が私にはある。

そして10月26日……。

「福岡ソフトバンクホークス、田浦文丸《たうらふみまる》、投手、秀岳館高校」

ドラフト会場に高らかにアナウンスが響き渡った。本人、両親、妹と握手。田浦はスピードを148キロまで伸ばし、チェンジアップにさらに磨きをかけ、U18ワールドカップで日本チームただ一人、世界のベスト9に選出された。今、堂々とプロへの道を歩み始めている。

2016（平成28）年春・夏の甲子園でベスト4入りに貢献した松尾大河は、3年春のセンバツで、19打数6安打3打点の大活躍、15年ぶり夏の甲子園でも16打数7安打。台湾で行われたU18アジア選手権大会メンバーに選出され、1番や5番を打ち、大会通じての首位打者となった。その後ドラフトで横浜DeNAベイスターズに3位指名され、プロの道に進んだ。同じ学年でキャプテンを務めた九鬼隆平は、U18アジア選手権大会でも4番を務め、福岡ソフトバンクホークスから3位指名を受けた。昨年は同じホークスの今宮が持っていた二軍での初年度ホームラン記録を抜いた。さらに昨年秋、身長170㌢と小柄ながら、最速148㌔の直球に加え、大きく落ちるチェンジアップ、スライダーと球種も豊富な田浦文丸がソフトバンクから指名を受けた。17年夏の甲子園では、U18に選出された川端とともに大きな注目を集めた。同じチームからジャパン代表のピッチャーが二人選出されることはまずあり得ない。前年のU18アジア大会では、堀（広島新庄）がリリーフとして大活躍。藤平《ふじひら》（横浜）や寺島（履正社）を遥かに上回る内容で日本チーム優勝に貢献した。川端と田浦の二人をU18に送りこみたい!!　考え抜いて、田浦にあの堀の役割で代表入りさせよう!!　そう決めた。田浦にそれを話すと、彼もさすがだ。「ハイ、わかりました」と即答した。

見事、リリーフとして県大会も無失点で封じ込め、U18に選出された。出発の前日、電話が入った。

「監督の言われたとおりでした。キミに昨年の堀の役割をやってほしいと言われました」

そして、カナダで行われたU18ワールドカップでリリーフとして大活躍。三振の山を築き、日本チームただ一人の世界ベスト9に輝いた。ドラフト会議ではソフトバンクから指名を受けている。キャッチャー九鬼との秀岳館バッテリーが、日本シリーズで活躍してくれるものと期待している。

田浦が「プロ、しかし社会人にも……」と迷った時にかけたことばがある。

「キミには社会人野球も大学野球もない。プロ野球一本に絞って歩みなさい。後のことはドラフトの後に考えよう。退路を断って、希望の灯をともせ」

人生の岐路に立って、そこに幾つかの選択肢がある場合、退路を断つ決意こそ最大の武器になる。これは野球に限らず、どんな世界でも同じこと。この道しかない、この道を私は迷わず進む。その強い意志の力こそ、人を強くし、希望を拓く原動力になる。

―

# 51対49の決断。

２０１７（平成29）年、私が秀岳館高校の監督となって４年目。大学の後輩、和泉実監督率いる早稲田実業との招待試合があった。地震で中止になった前年を経て２年越し、待ちに待った早実の主砲、高校通算最多ホームランを目指す清宮幸太郎《きよみやこうたろう》登場。藤崎台県営野球場には、７０００人の観客が詰めかけた。

試合は、淡々と進んだ。

秀岳館は、川端、幸地、田浦と繋いで攻めの継投、八回を終え5対1とリードしていた。強打を誇る早実打線も、連戦の疲れからか、わずか3安打。最終回の打順は9番からだ。はたと考えた。清宮は3番。好調田浦の前に、3者凡退となれば、この淡々とした試合は清宮の前で終わる。前日の試合では四死球が多く、熊本の高校野球ファンは、まともな彼のバッティングを目の当たりにしていない。ネット裏に詰めかけた7000人ものファンのみなさんや小中学生に、もう一度その打席を見せてあげたい、その思いがよぎった。

そして九回。田浦は9番、1番打者を問題なく抑えて2アウト。予想どおりだ。私は覚悟を決めた。しかし田浦の気持ちはどうなのか。

私は同じピッチャーとして田浦をいちばんよく知る川端を、伝令としてマウンドに送った。社会人野球、少年野球監督時代も含め、私がマウンドに伝令を送るのは初めてのことだ。試合の流れを、監督がタイムをかけて切るのは好きではない。田浦の答えは、同世代のピッチャーとして当然だった。

「清宮と勝負がしたい」

私は早実の2番敬遠を即決した。

それは教育の一環＝高校野球のあり方としてどうなのか。相手校、その指導者、敬遠されるバッター、そして清宮本人の気持ち。一方でファンの期待……。敬遠して清宮と勝負、となれば、賛否両論、議論百出、物議を醸すのは間違いない。逆に、何もしなければ、何も言われない。かえって「清宮擁する強豪早実に堂々勝利」と評価されるだろう。

もう一つ、波風が立たないように、微妙なコースをついて歩かせる、という手もある。しかしそれでは、「清宮と勝負するためわざと歩かせた」と、批判の矛先が田浦に向く可能性がある。となれば監督として取るべき策は一つ。

「キャッチャーは立って敬遠しなさい」

明確にそう指示した。

果たして、キャッチャーが立ち、田浦が2番打者に対して1球目を投じると、スタンドから大歓声と拍手がわき起こった。「これでいい、批判は私一人が浴びればいい」。再度、覚悟した。

続く清宮は、4球目、137キロの直球を打ってファーストゴロに倒れた……。

甲子園でも予選でもなく、招待試合。熊本の小中学生、高校野球ファン、清宮ファンに、生の清宮の打席をもう一度……との判断だったが、一方で申し訳ない思いも大きく、試合後すぐに相手ベンチ裏控室めがけグラウンドを突っ切ってお詫びに走った。和泉監督からは、後に丁寧なメールが送られてきた。

あの決断は、80対20でも、70対30でもなく、51対49。まさにぎりぎりの選択だった。私は、たとえ誤解されても、物議を醸しても、何もせずにいるより、己の信ずる道を選択するのがリーダーたる者の使命だと思う。

そして4カ月後、カナダで行われたU18ワールドカップ。予選リーグのキューバ戦。塁上に走者を置いて、3番安田(履正社)敬遠、4番清宮勝負という場面が2度あった。清宮絶不調の中での出来事だった。

同じくジャパンメンバーでベンチにいた田浦が、打席に向かう清宮に声を掛けた。

「自分のバッティングをしろよ」。

あれは田浦の同僚としての気遣いだったのか、あるいは田浦自身も、5月の招待試合で敬遠したことが心に引っ掛かる、そんな気持ちが残っていたのか……私には、知る由もない。

清宮が打席に入った。ストレートだった。打球は高々とライトに上がった。犠牲フライ。この試合、それが貴重な決勝点となった。

前の打者が敬遠され、勝負を挑まれたこの時の状況は、5月の招待試合とは場面と状況がまったく異なる。日の丸を背負った中で、安田を警戒して清宮勝負！ という数倍も数十倍も厳しいものだった。

だがそれは、彼が育んできたパーソナリティの奥深い部分にスポットが当たるのを、じっくり見ることのできる貴重な機会だった。これまでの清宮の歩んできた野球人生で、体験したことのない、僅か4カ月で3度の前打者敬遠。おそらく、これからもないだろう。

そのことが彼を、さらにもう一回りも二回りも大きくしてくれることを願う。

一　自主、自立、自治。

「垂井《たるい》、救急車を呼んでくれ」

「え、誰ですか⁉」

「私だ、私。心筋梗塞か、脳梗塞かもしれない。早くしてくれ！」

前日発症した不整脈も症状が落ち着き、テレビ局のインタビューを受けている時だった。突然、唇の右端が大きく下に歪んで、頸《けい》動脈から右腕、そして指先にかけて重いしびれが私を襲った。ろれつが回らない。カメラを止めていただき、垂井コーチに急ぎ救急車を依頼した。担架に横たわり、救急車に乗り込む時、思った。

「ああ、もうこのグラウンドには帰って来られないかもしれない」

2017(平成29)年夏の熊本大会準々決勝の朝4時半。息苦しい。胸焼けもする。隣の部屋の妻を呼び、脈を計ってもらう。「脈がないわね。いや、飛んでいる」

「不整脈だね」

心配そうに見下ろす妻にそう答えた。

試合は9時半開始。今救急車を呼べば、試合には行けない。1時間ベッドに横たわり、保護者に電話。パジャマのまま藤崎台球場隣の護国神社境内まで乗り入れた。多少症状が治まった8時半、県高野連理事長に伝えていただき、試合前会見を回避し、ベンチに直行した。試合は大苦戦。声を張り上げようとしたが、その肝心の声が出ない。六回表を終了して、1対4。敗色濃厚とも思える状況に陥った。珍しくベンチ前の円陣に加わった。

「落ち着け、まだ4回ある。焦らなくとも大丈夫。1試合9イニングを考えたら、8点や9点は取れる。相手のピッチャーもスピードが5キロ落ちてきた。自分たちを信じて、勝ち切れ」

精いっぱいの声を振り絞ってそう話した。主力選手がそれに続いた。

「春の悔しさをバネに、夏の甲子園での優勝を目指しているのに、こんなところで負けていられるか!!」

チームの沈滞したムードが一変。秀岳館はその裏、5得点して一気に逆転。9対4で勝利した。

終了後のインタビューもそこそこに、すぐ熊本市内の病院に向かった。

症状はいったん治まっていたが、その翌日の練習中に急変して救急車を手配。ショックが大きかった。

「2日後の準決勝には、絶対に行きます。万が一負けたりしたら、選手に対してどう責任を取ればいいいんですか。絶対に行きます」

「いったん入院したら、担当医の判断に従ってください。甲子園で采配を振るえるよう病院挙げて治療します。あなたが鍛えた選手を信頼してください」

日頃、自主、自立、自治と言っているのに……。医師の言うとおりだ。選手を信じよう。観念してベッドに力なく横たわった。

責任教師だった山口コーチを代理監督に。選手たちは文字どおり、主体的に獅子奮迅の働きで4季連続甲子園出場を勝ち取った。

9月にテレビ放映された秀岳館野球部の特集番組。救急車で運ばれた私を見送ったキャプテン廣部がインタビューに答えていた。

「日頃、監督から、自主、自立、自治と言われています。今がそれを発揮する時かなと思います。監督を必ず甲子園に連れて行きます」

涙が溢れて止まらなかった。

チームのモットー、「自主、自立、自治」が選手たちの手によって完成の域に達した。ちょうど良い引き際だった。


老子曰く、最善の指導者について云えば、衆人は、その存在に気づかない。次善の指導者について云えば、衆人は、栄誉と賞賛を贈る。

その下の指導者はおそれられる。そのまた下の指導者は、嫌われる。

最善の指導者がその仕事を成し遂げたとき、衆人曰く「俺たちが俺たちだけでやったのだ」と。

日本一は成し遂げられなかったが、選手たちがそう思って戦ってくれた。まさしく指導者冥利に尽きる。

左投げ、左打ちの選手として、マウンドに立ってから50年余りが過ぎた。今だからこそ伝えたいことば、考え方、生き方を思うままに綴った。この先も野球で得た人生の教訓を後進に伝えたい。

Column

# 妻は、戦友。

早稲田大学3年生の2月。春のリーグ戦を前にした体育のスキー授業で信州黒姫高原に行った。帰りの列車の中、一つの座席だけが光り輝いているように見えた。4列目のいちばん端。そこに座る女性に一瞬にしてこころを奪われた。すぐさま満員の乗客をかき分けて座席の横に立ち、スキー板を床に置いた。

「いつでもいいから電話をください」と、峠の釜めしの箸袋に自分の名前と電話番号、住所を記して手渡した。こんなことは一度もしたことがない。

寮にはもちろん個人の電話などはなく、部員が交代で電話当番を務めていた。スキーから帰った1週間後、私にはちょっとした予感があった。案の定、電話当番の部員が「鍛治舎さん、お電話です。女性の方からです」と伝えに来た。前年6月、父が事故に遭った時もそうだった。私には予知能力のような力があるようだ。

その女性《ひと》は新宿駅西口の銀行に勤める、横浜在住の会社員だった。一度目は4対4のグループで再会。二度目は1対1。

「結婚されてますか。していなかったら、結婚してください」

強引かつ一方的に、結婚を前提とした付き合いが始まった。年齢は4歳年上と後で知った。

私は早い時期に結婚して家庭を持ちたいと思っていた。父が事故で大けがを負ったので、早く家庭を持って両親を安心させたい気持ちがあった。また、結婚するなら、野球には関係ない女性と考えていた。当時、六大学野球の人気は絶大、早慶戦はプラチナカードと呼ばれ、チケットがまったく手に入らない。早慶戦5万5000人を筆頭に、東大戦で1万5000人、他の大学との対戦でも3万~4万人もの観客が入る、六大学野球華やかなりし時代だった。私にも1日10通ほどファンレターが届いた。野球という私の華やかな面、強い面だけを見ている女性とは結婚生活はうまくいかない、そんな気がしていた。自宅に帰り、だらしなく寝そべってテレビを観ている姿を見たら、野球の時との落差が大き過ぎて幻滅させてしまう。

早く結婚したいが、野球とは関係ない女性。そんな時出会ったのが、野球に関心が薄く、偶然にも野球部の寮と同じ新宿区に勤める彼女だった。

彼女は年上であることにためらいがあるようだったが、私は「20の時に24、50になれば54。60の時には64。4つの違いなんて何の問題もない」。彼女もそんな私のことを実直な人間と思ってくれたようだった。

結婚したのは社会人1年目の10月10日体育の日。

子育ては、申し訳なくも、すべて妻任せ。野球、仕事、解説、少年野球の監督などさまざまなことを並行して全力投球できたのは妻のおかげだ。枚方ボーイズや秀岳館の監督をしていた時も、妻は選手の誕生日にケーキを届けに行っていた。選手や保護者は、どうも私より妻の方を慕っているふしがある。選手から電話が入り、「おう、元気か!!」と言うと、「早く奥さんに替わってください」ということがよくある。

「その決断いいじゃない。私も行くわ」

秀岳館の監督になる時も、「一緒に行こう」と妻から言い出した。根っから人好きな彼女は、地域の人や保護者のみなさんと楽しく仲よくやってくれた。妻は私の人生のあらゆる局面をともに過ごしてきた戦友だ。

# 熱意は伝播する

私のパナソニックでの最後の大きな仕事になったのが、IOC（国際オリンピック委員会）とのトップスポンサー契約交渉。舞台は、2013（平成25）年9月、アルゼンチンのブエノス・アイレスだった。

議論は、こう着状態。共に現地入りした部下の西貝宏伸《にしがいひろのぶ》（リーダー）、園田俊介《そのだしゅんすけ》（スポンサーシップ・イベント担当）の二人も、さすがに押し黙った。園田はかつて、水泳でオリンピック出場に後一歩まで迫ったトップアスリート。青年海外協力隊にも現職参加し、オリンピック出場を目指すザンビア水泳代表チームコーチの経験を持つ。もう一人、（当時オリンピック・パラリンピック担当）の小杉卓正《こすぎたくまさ》も野球で4番を打ち、オリンピックを目指した。現役引退後に本社に異動、独学でTOEIC900点を超す文武両道のアスリートだ。交渉は、このメンバーで臨んだ。

双方沈黙してひと言も発しない。6月から3カ月にわたり重ねてきたＩＯＣトップスポンサー交渉は、ここに来て完全に暗礁に乗り上げてしまった。

トップスポンサーは、各大会の組織委員会が契約するローカルスポンサーと違い、ＩＯＣが、1業種1社だけ契約し、世界中で五輪マークや大会ロゴを使用出来る権利を持つ。併せて、五輪会場や周辺で使用する機材、そしてサービス等の納入について、最優先で交渉する権利を持っていた。

パナソニックは、この制度が始まった１９８８（昭和63）年カルガリー冬季五輪以来30年近くオリンピック、さらにパラリンピックをサポートしている。

パナソニックは、リオ五輪開催の２０１６（平成28）年まで権利を持っているが、以降の契約交渉はその日が最終日。２０２０年の開催都市が決まる翌日からはＩＯＣとの交渉が韓国勢始め、他の電機メーカーにもオープンになる。まさしくギリギリの交渉だった。

ＩＯＣ側は、オリンピック人気は高まるばかり、視聴率も高い。従って２０２０年までの4年契約は、現カテゴリーのままで大幅アップを主張。

こちらはわずかなアップは呑むが、他社が２０２０年まで持っている世界での白物家電（冷蔵庫や洗濯機、エアコンなど）のカテゴリーの権利をＩＯＣが買い戻し、前倒しして

2017（平成29）年からパナソニックにプラスしてほしい。その代わり2020年を越えて、世界で初めて2024年まで8年契約したいという、実質ダウンとも取れる内容で臨んだ。双方の隔たりは途方もなく大きい。折り合うはずがない。

その時だった。IOCマーケティング担当理事（当時）のハイバーグさんが柔らかな笑顔で、ゆっくりと周囲を見渡し言い放った。

「Mr.Kajisha の言うとおりで、いいじゃないか……」

横に座る二人の交渉担当が慌てた。頬を赤らめ、色めき立った。

私は、すかさず、その二人に声を掛けた。「キミたちはそれでいいのか？」

少し間を置いて、高額のテレビ放映権担当を兼務するティモ・ルメさんが口をへの字に歪め、ハイバーグ理事を見ないで、親指で指さし、つぶやいた。

「He is my boss（ボスが決めたことには、逆らえないよ）」

即座にパナソニック側の二人とともに立ち上がりIOC交渉担当の三人と握手。「話は、ここまでにしよう！」「細かい話は、担当の四人でやってくれ！」

「この店で一番高いワインを持って来てくれ!!」。心が高揚してことばが荒くなった。もちろん、ワインの値段は事前に調べていた。極めて安かった（笑）。

日本を発つ前に、役員会で契約継続の重要性、交渉内容を繰り返し提案し説明したが、2年続きで数千億円の赤字を計上している現状では、少なからず反対意見もあった。それを「世界30万人のグループ社員の誇りを捨ててはいけない！」「若い社員、後輩たちに希望を繋ごう！」と訴えた。同意を得、決死の覚悟でＩＯＣ総会が開かれるブエノス・アイレスでの最終交渉に乗り込んだ。

担当理事ハイバーグさんとも長い付き合いだった。世界各地でお会いし親交を深めていた。今交渉が双方歯に衣着せぬ激論の末、最終的に決着したのは、どんな状況でも、オープンマインドで話し合える関係があったからだと強く思う。何年にもわたるＩＯＣとの信頼関係がそうさせた。

しかし今回は少々やり過ぎた感が強い。こちらの窮状を充分汲んだ上でのＩＯＣ交渉チームの大幅譲歩だったのだろう。

そこそこやるか、そこまでやるか!!

その頃合いは難しい。だが、一つだけ言えることがある。洋の東西を問わず、熱意は伝播する!!　これは、時空を超えた真理だった。

翌日の、ＩＯＣ会長（現・名誉会長）ジャック・ロゲさんの「TOKYO!!」は、会場内のＩＯＣ席で聞いた。事前の票読みどおりの結果だった。右隣の席は大きく落ち込むイスタンブール。その向こうに東京チームがいる。総理、文科大臣、都知事、橋本聖子さんはじめＪＯＣメンバー等々が陣取り大騒ぎ。

横におられた広告代理店会長と静かに握手。「Congratulations!」、突然前の席から祝福のことばが投げかけられた。当時、リオ・デ・ジャネイロ五輪組織委員長だったシドニーさんだ。その名がオリンピック開催地のようでまぎらわしい。お礼を言うと続けた。「ところでMr.Kajisha、お願いがある。リオと東京、替わってくれないか？　リオは、とても間に合わない。東京なら今からでも間に合うだろう」。もちろん冗談だ。だが、この時（２０１３年秋）の競技会場建設、インフラ整備遅れの状況から観て、とても笑えないジョークだった。

後に彼を代表とする組織委員会との良好な関係もあり、パナソニックはリオで多くの映像音響機器等を納入した。大型ＬＥＤスクリーンや放送用カメラ、大量のセキュリティカメラ。そして何より開・閉会式で、マラカナンスタジアムのフィールドいっぱいに映し出された日の丸や、世界中の言語で書かれた「ありがとう」を演出したプロジェクション・マッピングは、Ｂ to Ｂソリューション事業を軸足の一つとしたいパナソニックの方向性を世界にアピールする絶好の機会となった。決死の覚悟で繋いだトップスポンサー契約。

そこそこやるか、そこまでやるか……その成否は、後に続く人たちの未来にどう繋がるかで決まる。この本が発刊される頃には、私は岐阜に移り住み、母校・県立岐阜商業高校野球部監督就任に向け準備をしていることと思う。お読みいただいた皆様、そして登場した後輩、さらにはともに白球を追うことになる母校の後輩たちの未来が輝くことを切に祈りたい。

拙著は、仕事と野球、折々の体験の中で交わされた対話を中心に構成し、そのことばの持つ影響力について取りまとめた。単行本化にあたり何度も熊本に足を運び、ご尽力いただいた小林和夫さん、貴重な写真を提供いただいた大友良行さん、毎日新聞社様、素敵な本に仕上げてくださった五十嵐麻子さんはじめ、関係各位にこころより感謝申し上げたい。

２０１８年２月

鍛治舎　巧

鍛治舎 巧（かじしゃ・たくみ）

1951（昭和26）年岐阜県生まれ。前・秀岳館高校野球部監督。前・中九州短期大学副学長兼国際経済論教授。日本野球連盟近畿地区連盟最高顧問。岐阜県立岐阜商業高校でエースとして1969（昭和44）年の春のセンバツに出場。早稲田大学に進学後、第2回日米大学野球選手権大会日本代表に選出され、卒業後は松下電器産業（現・パナソニック）に入社。1981（昭和56）年に現役を引退。1986（昭和61）年に松下電器野球部の監督に就任、1991（平成3）年まで務める。社業では入社以来29年間人事部門の採用・労政トップを経て広報・宣伝部門へ。2006（平成18）年役員、常務役員、専務役員として宣伝・広報・社会文化、CSRなどの職務を歴任。2009（平成21）年、（株）ガンバ大阪担当取締役にも就任。1985（昭和60）～2010（平成22）年までNHKの野球解説者として高校野球の実況放送に携わり、人気を博す。2010（平成22）年9月、経団連広報功労・奨励賞受賞。

○野球関連役職歴

現　日本野球連盟近畿地区連盟最高顧問

元　日本野球連盟近畿地区連盟会長

元　JOC 強化スタッフ　全日本代表チーム　監督・コーチ

元　ボーイズ日本代表監督　枚方ボーイズ監督

元　日本野球振興世話人会　代表幹事　座長

元　NHK 高校野球解説委員（1985～2010年）

元　松下電器野球部部長・監督

元　天理大学　非常勤講師

元　岐阜県知事委嘱　スポーツ顧問

○野球歴

高校時代　第41回選抜高校野球出場
ベスト8進出、選抜甲子園通算100号ホームラン

大学時代　全日本代表チーム4番6大学通算800号ホームラン
5季連続3割

社会人時代　1975（昭和50）年　阪神タイガースドラフト2位指名
拒否して残留
1979（昭和54）年　日本選手権大会準優勝　敢闘賞受賞

監督として　社会人野球日本代表チーム10カ国対抗（中華杯）優勝
ボーイズリーグ日本一8回、世界大会優勝2回
全日本中学野球選手権　ジャイアンツカップ優勝4回
第88回選抜・第98回選手権・第89回選抜3季連続ベスト4

# そこそこやるか、そこまでやるか

## パナソニック専務から高校野球監督になった男のリーダー論

印刷　2018年2月15日
発行　2018年2月28日

著者　鍛治舎《かじしゃ》 巧《たくみ》

編集協力　小林和夫
写真協力　大友良行、鍛治舎巧、毎日新聞社
撮影　武市公孝
校正　有賀喜久子
装丁　木村美穂（きむら工房）

発行人　黒川昭良

発行所　毎日新聞出版
〒102-0074
東京都千代田区九段南1-6-17
千代田会館5階
営業本部　03-6265-6941
図書第二編集部　03-6265-6746

印刷　三松堂
製本　大口製本

乱丁・落丁はお取り替えします。
本書のコピー、スキャン、デジタル化等の無断複製は
著作権法上での例外を除き禁じられています。

©Takumi Kajisha 2018, Printed in Japan
ISBN978-4-620-32496-8